Os Discursos na Psicanálise

CB130483

Aurélio Souza

Os Discursos na Psicanálise

Editor
José Nazar

Companhia de Freud

Copyright © Editora Campo Matêmico
2008

Direitos de edição em língua portuguesa adquiridos pela
Editora Campo Matêmico
Proibida a reprodução total ou parcial

Editoração Eletrônica
FA – Editoração Eletrônica

Revisão
Bianca Barcellos

Editor Responsável
José Nazar

Conselho Editorial
Bruno Palazzo Nazar
José Nazar
José Mário Simil Cordeiro
Maria Emília Lobato Lucindo
Pedro Palazzo Nazar
Teresa Palazzo Nazar
Ruth Ferreira Bastos

Rio de Janeiro, 2008

CIP-BRASIL. CATALOGAÇÃO-NA-FONTE
SINDICATO NACIONAL DOS EDITORES DE LIVROS, RJ

S713d

Souza, Aurélio
Os discursos da psicanálise / Aurélio Souza ; editor José Nazar. - [Reimpr.]. - Rio de Janeiro : Cia. de Freud, 2008.

ISBN 978-85-7724-062-3

1. Psicanálise. I. Título.

08-4460. CDD: 150.195
CDU: 159.964.2

Companhia de Freud
editora

Endereço para Correspondência
Rua Barão de Sertório, 48 – casa
Tel.: (21) 2293-5863 • (21) 2273-9357
Rio Comprido – Rio de Janeiro
e-mail: ciadefreud@ism.com.br

Dedico esse trabalho à Sandra, minha mulher.
A companheira de um longo período de minha
vida que suporta com tolerância meus sintomas.
Uma interlocutora que tive o privilégio de ter
presente em todos os momentos que solicitei.

Dedico aos meus filhos, Aurélio Neto,
Thatyana Pitavy, Letícia Diniz e Artur Souza,
que contribuíram de diferentes
maneiras, para que pudesse realizá-lo.

Aos meus pais, Aurélio e Eulina,
de quem adquiri a força de trabalho.

Nesta segunda edição quero homenagear meus netos
Matheus, Gabriel, Max e Salomé que fazendo parte
de um momento da linhagem geracional têm me ajudado
a reler instantes iniciais de minha hystória, tornando-me
mais tolerante e prudente.

A Emilio Rodrigué, que me conduziu nos labirintos da
psicanálise e me transmitiu o gosto pela escritura.

Aos meus analisantes,
que me ensinam.

Índice

Prefácio para uma segunda edição

Um primeiro objetivo do projeto de meu primeiro livro tem sido alcançado. Nestes quatro anos de sua primeira edição, ele despertou o interesse para analistas de diferentes grupos e associações de psicanálise, assim como a profissionais que se mantêm próximos ao grave problema das diferentes a-dições.

Nesse período tive oportunidade de comentar e discutir sobre o discurso que propus e que nomeei de *discurso do a-viciado*, como uma produção que vem dar conta a diferentes condições que afetam o *sujeito do inconsciente* e de alguma de suas vicissitudes. Refiro-me a esse elemento fundamental da psicanálise e que Lacan veio a designar também de "parlêtre" e, mais tarde, de LOM.

Aqui, vou aproveitar a ocasião para reafirmar que o *discurso do a-viciado* não corresponde a um dispositivo que possa contemplar o uso eventual ou mesmo com alguma constância de uma droga ou que venha dar conta dos atos ou ações compulsivas que possam servir de proteção contra o desejo. "Não ceder ao desejo" é a formulação de uma ética contemplada pelos próprios *discursos radicais.*

Se cada discurso escreve um tipo de laço social particular, o *discurso do a-viciado* é um dispositivo de letras, uma organização tipológica e também topológica que mesmo estabelecendo um limite de gozo, revela a condição devastadora que sob certas condições estruturais e discursivas uma determinada face do objeto pode causar ao sujeito, fazendo-o gozar além ou aquém do gozo fálico e, sobretudo, sem qualquer controle.

O *discurso do a-viciado* é um laço social que desconsidera o desejo e, como tal, ultrapassa a estrutura do fantasma fundamental. Ele vem instituir uma condição em que o objeto "escolhe" seu usuário, destituindo-o em ato, de qualquer traço identificatório e ainda deslocando-o de seus ideais. Trata-se de uma condição estrutural em que um determinado objeto se impõe ao sujeito, tornando-o um a-viciado.

Nesta oportunidade para uma segunda edição só espero reescrever algumas passagens de meu texto originário, procurando acrescentar alguns comentários que possam torná-lo mais accessível a um público fora da psicanálise. Algo que me tem sido solicitado por amigos e colegas de outras áreas que têm tido a generosidade de discuti-lo comigo.

Quero aproveitar também a ocasião para agradecer aos colegas do Espaço Moebius, aos colegas do Suposto (CE), a Durval Checchinato e a Juan David Nasio pelos comentários e sugestões que fizeram na primeira publicação e que pude avaliar para esta segunda edição.

Contribuições que reorganizam meu objetivo de criar uma possibilidade de curabilidade para estes sujeitos devastados por suas diferentes adesões a um objeto que sem ele não podem viver, repetindo o pior de sua ex-sistência, seu encontro desvelado com o real.

Introdução

"Não é preciso pedir que os eventos aconteçam como você os quer, mas é preciso que se os queira como eles acontecem".

No momento em que decidi escrever sobre "os discursos na psicanálise", já estava em andamento com um outro trabalho sobre a topologia. Por uma razão que me pareceu pertinente, resolvi retardar esse projeto inicial e inverter a ordem, trabalhando primeiro com essa noção dos *discursos.*

A razão, pelo menos à primeira vista, que me pareceu eficiente para produzir essa modificação, foi a escolha do seminário XVII, "A psicanálise pelo avesso"[1], como tema de uma jornada do Espaço Moebius. Como iria trabalhar durante um ano esse seminário, resolvi inverter a posição de largada de meu primeiro livro. Se posso considerar essa motivação como de "uma natureza institucional", existe pelo menos uma outra que decorre de minha própria prática.

Refiro-me a uma proposta de trabalho que venho desenvolvendo e que resolvi colocá-la num espaço público. Trata-se da produção de um outro discurso, que tenho sugerido como "*discurso do a-viciado*".

[1] Embora o título da versão oficial do sem. XVII seja o "O avesso da psicanálise", sempre que necessário vou intitulá-lo de "A psicanálise pelo avesso". Não se trata de uma questão de gosto, mas de seguir o enunciado de Lacan logo no início de sua primeira aula de que iria tratar de "La psychanalyse à l'envers".

Para dar consistência a meu projeto, por uma questão de ofício e de ordem, vou fazer de início alguns comentários sobre as bases do estruturalismo e a noção de estrutura na psicanálise.

Em seguida realizarei uma leitura sobre os *discursos radicais*. Designação atribuída aos quatro discursos que foram produzidos por Lacan durante a realização do seminário XVII: o *discurso do mestre*, o *discurso do histérico*, o *discurso do universitário* e o *discurso do analista*.

Ainda, segundo as normas, vou tratar do *discurso do capitalista*, que foi elaborado também por Lacan, a partir de uma dedução destes "discursos" anteriores. Trata-se de uma nova estrutura discursiva que corresponde a uma transformação que o saber do "mestre antigo" sofreu pelo poder intervencionista das ciências e que tem produzido efeitos na modernidade.

Essa condição linguageira causou uma ilusão de que seria possível a aquisição de um saber que pudesse comandar esse objeto identificado no ensino lacaniano como *mais-de-gozar*. O *discurso do capitalista* passa a se constituir num dispositivo que procura dar conta de alguns "sintomas da contemporaneidade" e busca determinar uma sujeição do objeto *mais-de-gozar* à tecnologia e às leis de mercado.

Essa condição discursiva modifica as próprias relações do sujeito com o objeto, prescrevendo uma produção contínua e cada vez maior de "objetos" para consumo. Um fato que vem também intimar o sujeito a consumi-los cada vez mais, a fim de que se preserve a continuidade de sua produção em larga escala. Esse consumo do objeto desencadeia no sujeito uma busca continuada de sucesso, numa condição que é favorecida por esse tipo de ideologia que se nomeia de "livre empresa".

Embora o *discurso do capitalista* mantenha relações internas com os quatro discursos e mesmo seja deduzido deles, vou considerá-lo juntamente com o *discurso* que proponho, *do a-viciado*, como duas exceções aos *discursos radicais*.

Isso quer dizer que o *discurso do a-viciado* vai manter também laços internos e lógicos com a noção lacaniana dos quatro discursos. Todavia, guarda em seus fundamentos uma aproximação maior com o *discurso do capitalista*, já que neste último realiza-se uma comutação de elementos e o "objeto" adquire uma posição privilegiada para o sujeito.

De início nomeei-o como "um discurso que não é radical". Mais tarde, tratei-o ainda como "o discurso dos excluídos". Por fim, numa das apresentações que fiz no CETAD[2] sobre a questão das toxicomanias, encontrei um significante que me pareceu mais operativo: "*a-viciado*", um viciado do objeto a.

O *discurso do a-viciado* é uma estrutura discursiva que busca contemplar certos fenômenos que escapam à dialética do desejo e afetam o sujeito através de uma *dimansão*[3] efetiva de gozo. Sob esse dispositivo de discurso, o sujeito é atraído, capturado, sobretudo "seqüestrado"[4] pelo objeto.

Mesmo que na maioria destes casos ocorra uma atração, certo "enamoramento" pelo seqüestrador, como na "síndrome de Estocolmo", o *a-viciado* terá que pagar, ele mesmo, seu resgate. Ele paga o preço com seu próprio corpo, através de manifestações de gozo que têm como moeda diversas figuras da morte.

Não se trata de algo que corresponda necessariamente a uma interrupção na linha da vida, o que pode ocorrer. Nem mesmo desta morte que o significante engendra para que o sujeito habite na linguagem. Nestes casos, pela fascinação que o "objeto" adquire, o *a-viciado* perde sua subjetividade e passa a manter fortes laços de dependência. Perde seu poder de decisão.

Nestes diferentes "vícios", o objeto [*a*] não só adquire certa "substancialidade", como também um poder diante do qual o sujeito se rende e deposita suas armas. Essa dependência ao "objeto" que o seqüestra vai

---

2 CETAD é uma sigla que corresponde ao "Centro de estudos e terapia do abuso de drogas" que existe em Salvador (Bahia) e que se constitui num lugar de referência no tratamento das toxicomanias, em nosso Estado. Quanto ao significante que passei a utilizar "a-viciado", corresponde a um tipo de alteração da língua utilizada no zona rural e caiu como uma luva para tratar desta questão: *o viciado do objeto a.*

3 Dimansão é a maneira que vou transliterar o significante "dit-mension", um neologismo criado por Lacan e utilizado em vários momentos de seu ensino. Joga com a homofonia de mension, mention e ainda mansion. Em brasileiro, "mansion" corresponde à "mansão". Assim, "dit-mension" aparece inicialmente com o sentido de uma "mansão do dito". Mais tarde, quando Lacan concebe a noção do espaço como uma realidade operatória da topologia, refere-se a esse significante como "mansão do dizer". V. L'Étourdit (Scilicet, n.4, julho de 72) e o sem. XXII, RSI, aula de 14/01/75.

4 Esse significante foi-me sugerido por Sandra Pedreira e tem toda pertinência para essa ocasião.

isolá-lo de seus laços sociais, vai fazê-lo se afastar de seus valores simbólicos e submetê-lo a manifestações de gozo que se realizam aquém ou além da dialética do desejo. Uma condição que vem fazer limite à função de sua história e que o coloca numa posição diferente dessa idéia clássica de "um ser para a morte", já que não é disso que se trata.

Aqui, existe algo de singular e invariante. Uma importância exacerbada que o objeto revela para o *a-viciado.* Todavia, quando me refiro a essa importância do "objeto", coloco esse enunciado revestido de certa prudência, pois chega a ser redundante se falar disso na psicanálise.

Embora essa relação entre o sujeito e o objeto já tenha sido elaborada por Freud, Abraham, entre outros, talvez se possa dizer que foi no ensino de Lacan que adquiriu sua importância maior. Aí, o objeto [*a*] passa a fazer parte de um programa de escrituras onde o sujeito não pode deixar de estar implicado.

Não se trata de fazer um recorrido sobre essa noção do objeto (a), mas de estabelecer sua presença em alguns momentos do ensino de Lacan. Logo cedo, essa noção do objeto tornou-se solidária ao "grafo do desejo", onde a letra (a) vai corresponder a uma acrofonia de "autre" e vai servir para denotar o "*outro*", como o semelhante.

Uma condição desenvolvida desde o *Estádio do Espelho,* quando esse "outro" se integra às referências imaginárias como uma *imagem do outro* [i(a)] através da qual o *sujeito* se identifica a estas instâncias elaboradas por Freud: o *eu ideal* e o *eu* (moi), instâncias de superfície que passam a ser reguladas pelo *Ideal do Eu.* Essa *imagem do outro* passa também a fazer parte da própria noção do corpo.

Em seguida, Lacan vai se utilizar de outro instrumento que denominou de *Esquema Óptico Generalizado,* para reafirmar essa condição de que a noção de *objeto* não deve ser tomada numa simples relação de oposição ao sujeito e que venha designar uma "função geral da objetividade". O *objeto pequeno* (*a*) mantém-se fora de qualquer noção de objetividade, devendo ser concebido como um objeto sem qualquer imagem física que possa ser contemplada.

No seminário "*O desejo e sua interpretação*", após utilizar de diversos significantes implicados com o *sujeito* – spaltung, fading, refente, afânise, eclipse, abolição, corte, Verwerfung – Lacan elabora a noção do *fantasma fundamental*, atribuindo ao objeto (*a*) um valor singular para o matema [$◇a]. Assim, quando o *sujeito* se evanesce na falta de um significante, ele encontra no *objeto* (a) um suporte que passa a suprir essa carência do Outro.

Dito de outra forma, diante de um apagamento simbólico do *sujeito* na cadeia de significantes, o *objeto* (*a*) vem desempenhar uma função que o retém, procurando dar suporte à sua ex-sistência, como objeto "*do desejo*", "*no desejo*", como objeto *causa do desejo* e, mesmo, como *objeto da pulsão*. Em qualquer destas condições ele mantém uma incompatibilidade com a noção de representação.[5]

Mais tarde, colocando a consistência do real no centro da prática analítico, Lacan vai atribuir à condição real do objeto, como a verdadeira razão do parêntese em volta de "*a*". Assim, [i(a)] passa a manter essa construção imaginária da *imagem do outro*, num duplo erro: como miragem de identificação e de desconhecimento: (a) é do real.[6]

Quanto à unidade imaginária do corpo, matemizada por [i'(a)], que se constitui da combinação dos pequenos objetos (*a*) com o organismo e através do espelho plano que metaforiza o *grande Outro*, ela deixa de ser percebida por esse sujeito mítico de puro olhar como uma simples imagem física das categorias kantianas, ou mesmo deixa de se constituir como uma extensão no espaço, à maneira de Descartes. Pela presença de (a) que ela contém, ela funda o *sujeito* num tipo de projeção narcísea, como um "sujeito mítico" de gozo (*S*).[7] Lacan, portanto, vai ainda estabelecer uma estreita relação entre a função do objeto (a) e o eu (moi), e mais tarde, ao próprio eu, como agente da frase (Je).[8]

---

5 Lacan, J., Sem. VI, *Le désir et son interpretation*, aula de 20/05/1959. Publicação interna da Association Lacanienne Internationale.

6 Lacan, J,.Sem. XIII, *L'Objet de la Psychanalyse*, aula de 05/01/66. Publicação interna da Association Lacanienne Internationale.

7 Id., aula de 03/02/1966.

8 Lacan, J., Sem. XIV, *La logique du fantasme*, aula de 25/01/1967. No brasileiro não existe essa duplicidade de eus, como no francês, onde o *Je* corresponde ao eu, em sua condição simbólica, o *moi*

Mesmo que Lacan em algum momento tenha afirmado que inventou o objeto [a], algum tempo depois ele vai reconsiderar sua afirmação, para dizer que o objeto (a) é efeito do discurso analítico. É uma produção do próprio discurso analítico. Uma condição discursiva onde vai existir uma implicação lógica do *sujeito* com o objeto (a), tornando-se equivalente a ele. Neste caso, desde que o *sujeito* se converte no próprio objeto [*a*], o "ser do sujeito" vai estar implicado com o corpo que o sustenta, como uma presença sem a qual a psicanálise não caminha. Uma condição que vem colocar o corpo como um lugar onde as manifestações de gozo se realizam.[9]

A questão, portanto, a se considerar no *discurso do a-viciado* não é sobre a importância que o objeto tem para o *sujeito*, pois sempre existe uma implicação entre eles. O que se deve levar em conta e estabelecer para cada caso são as variantes de gozo nessa *dimansão* linguageira, já que de um ponto de vista descritivo, lógico e topológico, eles dois, sujeito e objeto estão sempre implicados.

Mais do que isso, o *discurso do a-viciado* revela uma ruptura com a Lei, não com uma lei social ou dos costumes, mas com uma Lei que ordena a própria vida mental do sujeito. Neste dispositivo de discurso, determina-se um efeito desubjetivante que facilita essa relação "mortal" com o objeto, já que se trata de um tipo de relação que insiste em se reproduzir, abolindo o *sujeito*.

Tendo colocado algumas cartas sobre a mesa, vou seguir na espiral que irá orientar meu trabalho. No entanto, antes de tomar meu rumo, gostaria de dizer que algumas vezes vou me repetir ou mesmo reproduzir algo que outros já disseram, para desenvolver essa *noção dos discursos*.

Vou pedir uma tolerância sobre isso, por considerar que se trata de uma repetição que não se pode evitar. Corresponde a um "inevitável" que é determinado por uma insistência do real que não pára de não se inscrever e intima a se dizer muitas vezes coisas que já foram ditas ou mesmo a repeti-las.

---

diz respeito ao eu do imaginário. Publicação interna da Association Lacanienne Internationale.

9 Lacan, J., Sem. XX, *Encore*, aula de 15/05 e 26/06 de 1973. Versão não oficial.

I

Algumas idéias sobre o estruturalismo

Lacan, logo nos primeiros anos de seu ensino, convocou os analistas para fazerem um "retorno a Freud". Sugeria, na ocasião, que a psicanálise, para dar consistência a seu discurso deveria visitar outras áreas do conhecimento, como a antropologia, a literatura, a lingüística, a filosofia, as matemáticas, a lógica, a topologia e mesmo a poesia.

Esses lugares seriam freqüentados através de uma "lógica elástica" ou mesmo com um tipo de "leitura em diagonal"[1], já bastante conhecida dos matemáticos. De sua parte, quando os visitou, tomou seus textos de base produzindo dilaceramentos ou mesmo realizando um tipo de antropofagia. Eles eram geralmente apropriados por partes, em pedaços, e se transformavam num novo texto.

Anos mais tarde, essa proposta lacaniana de "um retorno a Freud" encontrou uma sustentação discursiva em Foucault, que realizou na Sociedade Francesa de Filosofia uma conferência intitulada "Que é um autor?" [22/02/1969][2]. Nessa oportunidade, um dos temas tratados por Foucault foi uma análise dessa expressão "retorno a".

---

[1] Em qualquer série de números a que se atribua uma certa condição de completude, pode-se sempre extrair um novo número que não estava inserido na série original.

[2] Foucault, M., *Qu'est-ce qu'un auteur?*, Revue de psychanalyse Littoral, n. 9, Édition erès, juin 1983.

Lacan esteve presente e, logo na aula seguinte à conferência, durante o seminário "De um Outro ao outro"[3], comentou sobre a originalidade da intervenção de Foucault. Referiu-se a ela como um tipo de "...interrogação semântica..." a partir da qual poder-se-ia encontrar os meios de colocar "com valor e originalidade" essa *função autor*, como uma condição estreitamente vinculada à noção de "discurso".

Essa noção, mesmo na psicanálise, guardou durante muitos anos um sentido convencional que o aproximava da lingüística. Só mais tarde, em seu ensino, é que o significante "discurso" adquire uma nova função. Passa a ser visto como um "laço social", ou mesmo é concebido como uma "textura formada por letras".

Desde cedo, Lacan deu uma importância essencial ao campo da linguagem e à função da fala, como condições essenciais à psicanálise. Na primeira parte de seu ensino, ele tratou destas questões, levando em conta a eficiência dos efeitos linguageiros que eram revelados na análise e se apresentavam através de uma série de paradoxos[4].

Estes "efeitos" foram inicialmente demonstrados a partir de uma aproximação a essa "unidade de função teórica" que era nomeada de Estruturalismo. Para criar uma via que leve ao desenvolvimento da noção de estrutura em Lacan e a passagem para a *noção de discurso*, vou fazer minha escolha.

De início estabelecer alguns comentários sobre a colaboração de Lévi-Strauss, Jakobson e Saussure[5]. Três pensadores, de primeiro time, que influenciaram seu pensamento de diferentes maneiras.

---

[3] Lacan, J., Sem. XVI, *D'un Autre à L'autre*, 1968/69. Publicação interna da Association freudienne internationale. Sempre que necessário vou manter o título deste seminário em francês para privilegiar a escritura que Lacan sugeriu "com **L** maiúsculo de notoriedade" que antecipa o "autre" e que não poderia aparecer no brasileiro.

[4] Essa questão pode ser encontrada com detalhes nos Escritos (Função e campo da palavra e da linguagem em psicanálise) ou mesmo em seus seminários iniciais.

[5] De uma forma intencional vou deixar Ferdinand de Saussure por último, pois pretendo comentá-lo através do olhar de Lacan. Cronologicamente ele deveria ser colocado em primeiro lugar pois lhe é atribuído a paternidade do Estruturalismo.

Claude Lévi-Strauss[6]

Seus livros e ensaios começaram a ser publicados a partir da segunda metade dos anos quarenta. Influenciaram a comunidade científica, e, no particular, ao pensamento de Lacan.[7]

Desde o início de seus trabalhos que Lévi-Strauss esteve preocupado em interpretar e esclarecer a natureza do fenômeno psíquico. Para isso procurava um acontecimento originário que pudesse ser a causa determinante dessa passagem da natureza à cultura.

Através de seus estudos e observações concluiu que dois fatos constituiram-se como essenciais para este movimento. Em primeiro lugar, uma interdição de relações sexuais entre membros de um mesmo clã. O que veio se constituir como uma "proibição do incesto". Em segundo lugar, como um corolário, esse fato obrigava e passava a regulamentar a "troca de mulheres" nas diferentes comunidades.

Estas condições que foram identificadas como duas *funções simbólicas*, adquiriram estatuto de Lei. A partir daí, estas "leis simbólicas" tornaram-se equivalentes às próprias operações da cultura, aos laços sociais e até mesmo à estrutura do pensamento.

Estas "leis simbólicas" [suas proibições] passam a funcionar como critérios para distinguir um processo natural de um processo da cultura. A *função simbólica* vinha estabelecer uma equivalência entre a "estrutura elementar do parentesco", os mitos e a própria estrutura da linguagem. Além disso, revelava que as relações de aliança tornavam-se mais poderosas que as de sangue.

---

6 Claude Lévi-Strauss foi um antropólogo francês que, tendo acompanhado o curso de Saussure, divulgou a noção do Estruturalismo na Europa, principalmente, na França. Algumas de suas observações de campo chegaram a ser realizadas aqui mesmo no Brasil.

7 Entre os trabalhos publicados que produziram uma influência reconhecida no pensamento lacaniano, pode-se citar "A eficácia simbólica" (1949) e "A Estrutura elementar do parentesco" (1949). Lacan cita em algumas oportunidades "O pensamento selvagem", "O cru e o cozido", "Do mel às cinzas" e faz referências sobre os "Mitos", "Linguagem e sociedade" (1951)" e ainda "Existem as organizações dualistas?" (1956).

Através de seus métodos de análise, Lévi-Strauss desenvolveu a noção de *estrutura* e da própria dimensão simbólica. Firmou posição de que a função simbólica intimava o humano a participar de relações diferentes com o meio onde habitava, permitindo-lhe novas formas de adaptação, não levando em conta seus aspectos afetivos.

Os laços sociais passavam a se constituir a partir de leis rígidas. Através de elementos singulares que faziam parte de um sistema de nomeação, davam lugar a uma "estrutura de parentesco" equivalente à própria estrutura da linguagem, que vinha se constituir num instrumento da "ciência do símbolo".

Assim, a função simbólica tornava-se capaz de regular a estrutura do pensamento e organizar as relações humanas desde os povos primitivos até o mundo contemporâneo. Com isso, Lévi-Strauss opôs-se à idéia de que deveria ter existido um tipo de pensamento pré-lógico [primitivo] que teria evoluído e se transformado no pensamento lógico e científico da modernidade.

O Estruturalismo, lentamente, foi adquirindo bases mais sólidas no campo das ciências, inclusive buscando uma objetividade equivalente àquela das "ciências exatas". Passou a se constituir numa "forma de pensar" que permitia formular um método positivo para esclarecer a natureza dos fenômenos psíquicos e interpretá-los de maneira ampliada. Outra questão observada por Lévi-Strauss e que passou a ter toda importância é a dominância que o simbólico exercia sobre o orgânico. Os elementos da linguagem adquiriram uma função essencial no desenvolvimento e no próprio comportamento do animal humano.

Para justificar esse poder da linguagem, recorreu a certas observações realizadas em comunidades indígenas da América Central e do Sul. Mostrava o efeito indutor da intervenção simbólica dos xamãs, em algumas condições orgânicas. Um fato que mais tarde teve todo seu valor para a psicanálise.

Entre suas observações, notou que uma das funções desempenhadas pelo xamã era determinar através de certas falas e cantos a promoção de uma condição indutora nos partos, facilitando e favorecendo o nascimento dos bebês. Essa "intervenção" poderia mesmo ser realizada antes que o trabalho de parto tivesse se iniciado. Era um tipo de prevenção para que tudo corresse bem.

Estas intervenções decorriam de duas construções simbólicas: uma delas, promovida pelo próprio xamã que tomava o estatuto de um "mito social"; a outra, um tipo de "mito individual" construído pela própria parturiente, onde apareciam fatos de seu passado e, ao mesmo tempo, elementos que pudessem fazer parte de uma linhagem para o futuro.

A interpretação de Lévi-Strauss era que a intervenção do xamã atuava na parturiente sobre as "resistências dos pensamentos inconscientes", procurando torná-los conscientes. Através dessa "propriedade indutora" que era determinada pela eficiência dos símbolos,[8]

> *"o espírito [podia] aceitar os sofrimentos e as dores incoerentes e arbitrárias que o corpo recusava".*

Esse poder do simbólico sobre o organismo também o aproximou da psicanálise. Em certo momento de seu trabalho chegou a estabelecer uma semelhança entre o xamanismo e o discurso analítico. Considerou que o "pensamento inconsciente", sendo constituído a partir de leis estruturais, não guardava qualquer relação com as histórias e as particularidades pessoais.

Isso quer dizer que o inconsciente passava a ser tratado como uma "função simbólica"[9] que se organizava equivalente a um discurso e com uma gramática comum que pudesse contemplar todos os indivíduos. Tratava-se, portanto, de criações coletivas e anônimas em sua causa e suas razões. O "inconsciente" adquiria o estatuto de uma estrutura que não tem relação com imagens, mas que impõe leis aos elementos da história.[10]

Desenvolvia-se como um "sistema de relações" que não possuía um conteúdo próprio e só poderia ser apreendido através de uma "organização lógica que contivesse propriedades do real". Com esse desenvolvimento,

---

[8] Esse efeito que o simbólico causa sobre o orgânico também foi trabalhado por Jakobson quando tratou das afasias.

[9] Essa idéia elaborada por Lévi-Strauss do inconsciente ser constituído a partir de uma função simbólica, foi mais tarde retomada por Lacan no seminário sobre a "Carta Roubada", Écrits, Seuil, Paris, 1966, p. 47

[10] Uma posição que chegava mesmo a se diferenciar de Freud, com a noção de representação inconsciente, ou ainda de Jung, com a noção de um "inconsciente coletivo".

Lévi-Strauss mostrou através do estudo das sociedades que o "sentido" da estrutura deveria ser visto como algo que se encontrava na superfície [uma noção que Lacan utilizou, como uma posição equivalente ao funcionamento do inconsciente – uma estrutura de superfície].

Lévi-Strauss fez ainda outros apelos à linguagem. Ele afirmava que as chamadas "ciências sociais" não poderiam se prestar à previsões matemáticas em virtude da subjetividade do observador que alteraria suas observações. Para fazer frente a isso e dar um rigor "científico" às observações, foi em busca da Fonética, onde a influência do observador poderia ser desconsiderada.

Os princípios estruturais da fonologia passavam a se constituir, para qualquer língua, através de unidades que correspondem à combinações de uma oposição binária. Com isso, a linguagem passava a incluir não só leis de sintaxe e morfológicas, como também uma oposição fonológica que dava a cada um dos fonemas seus traços distintivos.

A estrutura da linguagem vinha manter uma semelhança com os termos do parentesco. Ambos continham elementos de significação, integrados por um sistema fonológico homônimo àquele elaborado pelo próprio pensamento inconsciente.

Roman Jakobson[11]

Jakobson tratou o estruturalismo a partir dessa "oposição binária" da fonética, considerando-a como uma condição essencial. O fonema, aqui, não é simplesmente o som físico, um dado acústico, que efetivamente é o objeto da fonética. Trata-se do som enquanto algo que determina o sentido que serve para distinguir a significação das palavras.

Nessa relação do sujeito à linguagem, Jakobson mostrou que estes elementos discretos existiam nas línguas, fazendo parte de um sistema de formalização lógica de oposição. Como aparece nos pares diferenciais: sim/

[11] Jakobson, R., *Lingüística e Comunicação*, Editora Cultrix, São Paulo, 1977.

não, mais/ menos, zero/ um, marcado/ não marcado..., onde contém um valor unicamente diferencial: nasal, oral... entre outros.

Para avançar nessa questão, considerou que as primeiras oposições significantes estão relacionadas com o que denominou de "perda da linguagem universal". Neste sentido, para se adquirir uma condição necessária de fala, não se tratava de uma aquisição ou de um ganho, mas de uma ocorrência sucessiva de perdas.

Portanto, na aquisição da linguagem é preciso que se perca algo, alguns fonemas dessa língua que chamou "universal", para que se possa ter acesso aos fonemas da própria língua e, em seguida, às palavras. Estes "elementos discretos", que guardam relações de "oposição binária", podem ter seus sons formulados e delimitados, permitindo uma determinada classificação que se organiza em função das tarefas que seriam capazes de preencher numa determinada cultura.

Mais tarde, juntamente à Halle, Jakobson mostrou num estudo clássico sobre as afasias que, nestas patologias da linguagem, as unidades de sentido constituídas por esses elementos discretos, os signos, ligavam-se uns aos outros segundo um mesmo sistema lógico de oposições. Assim, sugeriu que a estrutura da linguagem deveria se orientar segundo dois eixos principais: um de *seleção* e um outro de *combinação*, nomeados respectivamente de "pólo metafórico" e "pólo metonímico".

Estes dois eixos não só estabilizavam a estrutura do signo lingüístico, como revelavam que todo ato da fala está determinado por estas duas operações. Elas passam a funcionar de uma maneira simultânea: uma *seleção* de unidades lingüisticas que se organiza num léxico e uma *combinação* entre estas unidades lingüísticas escolhidas.

No *eixo da seleção*, os elementos são ligados em razão de uma similaridade, ou melhor, através de uma relação de semelhança/ dessemelhança. Assim, em primeiro lugar, deve-se supor um lugar que mantenha uma presença sincrônica destes elementos. Em seguida, como uma conseqüência desse fato linguageiro, pode-se considerar a possibilidade de uma escolha e da substituição de um elemento por outro, num tipo de comutação em que se produz uma *metáfora*.

No *eixo da combinação*, os significantes são ligados numa relação de contigüidade. Trata-se de algo que se desenvolve no tempo e que se tem implicada a noção de sucessão e escanção. Aqui, pode-se estabelecer relações em que se toma a parte pelo todo, o produto pela região, a causa pelo efeito, o conteúdo pelo continente... entre outras. Essa operação viria corresponder à *metonímia*.

A partir desse trabalho de Jakobson, as afasias passaram a ser interpretadas em virtude de deficiências, mais ou menos graves, na capacidade de *seleção* e *substituição*, e da possibilidade de *combinação* destes elementos. A contribuição de Jakobson é sutil em torno destas questões, pois estes dois princípios que penetravam na própria estrutura da linguagem também passavam a fazer parte do próprio funcionamento do cérebro.

Lacan não deixa de se utilizar dessa condição elaborada por Jakobson. Ele vai inscrever o descobrimento do fonema como uma função de pares de opostos, formados por estes elementos discretos observáveis da semântica. Eles viriam fundamentar essa descoberta de Freud, que designou através do [Fort – Da] a presença e a ausência das fontes subjetivas da função simbólica.

Numa língua, portanto, pode-se distinguir todos os sons possíveis que aparecem como estes elementos mínimos [fonemas], formando unidades de base. Estes sons, à partir de sua oposição binária, podem ser formulados, compreendidos, delimitados, classificados e explicados, do ponto de vista das tarefas que eles preenchem numa determinada estrutura.

Talvez se possa considerar que é a partir desta condição que Lacan vai propor sua definição canônica para o inconsciente. Um sistema que "se estrutura como uma linguagem" e que tem seu funcionamento regulado pelo movimento destes dois eixos estabelecidos por Jakobson.

Esse "sistema" fonológico que se tornava equivalente às mesmas relações de parentesco seria elaborado pelo pensamento inconsciente. Isso quer dizer que a questão do parentesco, à partir de uma leitura estrutural, ampliava-se num sistema de relações possíveis, de consangüinidade, de aliança e de filiação, segundo oposições binárias correlativas: positivas e negativas.[12]

---

[12] Lacan, J., *Le séminaire sur "La lettre volée"*, Écrits, Seuil, Paris, 1966, p. 47.

Lévi-Strauss e Jakobson, portanto, de diversas maneiras, influenciaram o Estruturalismo. Um movimento que se estabeleceu com mais vigor a partir dos anos vinte e que deve ser concebido como um modelo, uma metodologia ou até mesmo como uma tentativa para se apreender o conhecimento e as próprias leis do pensamento.[13]

O Estruturalismo procurava "domesticar e dar às idéias e aos fatos uma compreensão racionalista" que pudesse estabelecer uma positividade para as ciências. Opunha-se ao humanismo que era privilegiado na época e procurava imprimir uma reação contra a concepção histórica da língua que até então se ocupava prioritariamente de suas transformações.

Foi um movimento, portanto, que caminhava para além da fenomenologia, passando a valorizar a noção de estrutura. Em conseqüência disso, inaugurava-se uma desconfiança em relação aos sentimentos, na observação dos fenômenos.[14]

A partir de certo momento, o Estruturalismo passou a influenciar de uma maneira decisiva o pensamento de Lacan. Com efeito, no início dos anos cinqüenta, ele se aproximou desse movimento e tratou de "corrigir os desvios" que o discurso analítico havia sofrido até então.

Para isso, logo cedo buscou redefinir a noção de estrutura. Um significante que esteve de início ligado à arquitetura [derivado do latim struere (construir)] e que só a partir do século XVII expandiu-se para outras áreas do conhecimento. Assim, passou a fazer parte das artes, da geologia, da lingüística, da política, das ciências e da psicanálise.

Lacan, para levar adiante seu projeto, instrumentalizou-se num tripé sustentado em Lévi-Strauss, Jakobson e Saussure. Em Lévi-Strauss, a partir da noção de "eficácia simbólica" e do "inconsciente como uma estrutura formada por elementos linguageiros". É interessante observar que nas conferências que realizou nos Estados Unidos, embora tenha afirmado sua grande dívida à Lévi-Strauss, não deixou de sinalizar que sua noção de es-

---

[13] Bastide, R., *Usos e sentidos do termo estrutura*, Ed. da Universidade de São Paulo, 1971.

[14] Lacan vai dizer mais tarde que o "sentimento mente". Uma expressão que deriva de uma homofonia com "senti-ment"

trutura tomava uma outra direção, era "bem diferente" da dele. Em Jakobson, que instituiu esses dois eixos da linguagem – a metáfora e a metonímia – capazes de interferir no próprio funcionamento do cérebro. A partir do trabalho sobre as afasias, tratou estes "elementos discretos" como sendo a própria relação entre os significantes.[15] A noção de estrutura passava a se constituir nesta condição que vinha sustentar o *sujeito* no tempo-espaço. Por fim, Saussure, considerado como "o pai do estruturalismo", que a partir da teoria do signo fundou a Lingüística. Falarei dele mais adiante.

[15] Em 57, no seminário II, *O eu na teoria de Freud e na técnica da psicanálise*, Lacan apresentou, numa conferência sobre a cibernética, essa noção do binarismo como um paradigma da Ordem Simbólica.

II

O desenvolvimento da noção de estrutura no ensino de Lacan

Não é excessivo se dizer que Lacan tratou de firmar sua posição na psicanálise a partir de 1953, após um período de confronto com alguns mandarins da Sociedade Psicanalítica de Paris. Criticaram seu ensino e até mesmo sua condição de "didata", na Instituição, havia sido contestada. Atacaram duramente sua prática clínica, sobretudo, naquilo que se chamou de "sessões curtas".[1]

Em 16/06/1953, entre outros analistas e com muitos estudantes, participou da fundação da Sociedade Francesa de Psicanálise [SFP]. Logo em seguida, em 08/07/1953, na primeira reunião da nova Sociedade, fez a comunicação intitulada "O Simbólico, o Imaginário e o Real".[2]

Estes três registros não só passaram a ser considerados como "essenciais da realidade humana", como adquiriram o estatuto de um paradigma para o discurso analítico e mesmo para seu ensino. Lacan serviu-se deles como uma constante estrutural, realizando sucessivas leituras que produziram, quase sempre, novos desdobramentos.

Dois meses depois dessa conferência inaugural, no "Congresso de psicanalistas de língua romana" [26/27 de setembro de 1953], mesmo tendo

---

[1] Aqui também para tomar posição, vou me referir às sessões curtas como "sessões de tempo variado".

[2] Lacan, J., *Le symbolique, l'imaginaire et le réel* (08/07/53). Bulletin de l'Association freudienne internationale.

sido escolhido anteriormente relator oficial, foi destituído dessa função e impedido de falar, pois já não mais fazia parte da Instituição. Mesmo assim, a organização do Congresso, que estava sendo realizado em Roma, permitiu que seu relatório fosse lido extra oficialmente. Sua intervenção ficou conhecida como o "Discurso de Roma".[3]

Lacan referiu-se a esse trabalho como um "escrito feito às pressas e com um estilo irônico" que procurava revelar os efeitos que o campo da linguagem causava à função da fala e através dos quais a verdade viria se precipitar.[4] A partir daí, tratou de reafirmar a noção de que o aparecimento do símbolo criava uma nova ordem na relação entre os homens, já que eles passavam a habitar na Ordem Simbólica.

Essa aproximação da psicanálise com a linguagem trouxe suas conseqüências. Levou-o a aprofundar uma leitura de Saussure. Ele o fez através do Curso de Lingüística Geral, promovendo uma intervenção sobre o signo lingüístico e procurando desenvolver sua própria noção de estrutura.

Ferdinand de Saussure

Saussure concebeu a lingüística como fazendo parte de uma semiologia que tem por objeto essa unidade designada "signo". Concebeu-o como chave na comunicação e responsável pela própria existência do humano.

O arranjo interno destas unidades vinha gerar um "sistema convencional de sinais" com que definiu a língua. Esse "sistema" dava uma prioridade à idéia de um "todo solidário" que passava a se constituir como um conjunto universal, expresso através de uma "exaustão simbólica". Isso quer dizer que conteria os elementos capazes de nomear todos os objetos que faziam parte das realidades do humano.

---

3 Posteriormente essa intervenção foi corrigida e publicada nos Escritos, como "Função e campo da palavra e da linguagem em psicanálise" [O título original era Fonction de la parole dans l'expérience psychanalytique et relation du champ de la psychanalyse au langage].

4 Lacan, J., *Fonction et champ de la parole et du langage en psychanalyse*, Écrits, Seuil, Paris, 1966, pp. 237/322.

Esse "sistema" saussureano, além de conter um componente imaginário que trazia a idéia de uma completude simbólica, permitia através de uma análise chegar às unidades mínimas que o constituía. Estes elementos discretos foram designados como "signos" e concebidos a partir de uma alegoria.

Dois grupos de "nuvens flutuantes" precipitavam-se como uma gota de chuva, ligando uma massa amorfa de idéias que passava a designar o significado e uma massa sonora que corresponderia ao significante. Esta relação foi escrita com o significado sobre o significante ["Sdo / Ste"], envolvidos por uma elipse que determinava uma relação de bijeção entre eles.

O "sistema" saussureano revelava um deslocamento temporal de seus elementos, através de uma "linearidade" em que o valor de cada signo seria determinado por uma variação diferencial daquele que o antecede ou sucede na cadeia. Passavam a ser caracterizados como uma "pura diferença" e, como tal, eram constituídos sem termos positivos. Mais tarde, Saussure sugeriu a presença de uma linha secreta em seu "sistema", que viria contemplar a possibilidade e a importância do aparecimento dos anagramas na língua.

Outro aspecto que ainda deve ser considerado no desenvolvimento desse "sistema" é a presença de uma dupla operação que vai estar implicada em qualquer ato de fala. A primeira, de natureza *sincrônica*, onde estes termos [os signos] coexistem, guardando relações lógicas entre si e que passam a ser selecionados como unidades lingüísticas que se mantêm "in absentia" em qualquer ato da fala. A segunda, de natureza *diacrônica*, quando estes elementos passam a se combinar, formando unidades lingüísticas mais complexas, como as palavras e as frases, capazes de gerar enunciados "in presentia".

A partir destas considerações algumas propriedades podem ser inferidas nesse "sistema" saussureano. Uma primeira, de que a língua é destituída de qualquer concepção psicológica. Ela deixa de ser a expressão de um pensamento que se exterioriza e que poderia ser particular a alguém, para se tornar a declaração da própria estrutura lingüística que passa a referir-se a si mesmo. Desta maneira, o pensamento organiza-se de acordo com a ordem das palavras ou mesmo segundo os sons, já que os fonemas são também entidades de oposição.

Uma segunda propriedade é a condição "covariante" desse "sistema". Desde que cada elemento só se define a partir de sua relação com um outro, explicita-se não só um binarismo, como essa condição de que cada um deles tem sua identidade fora de si mesmo.

Por fim, uma terceira propriedade que teria que se estabelecer para delimitar a "unidade" que compõe a cadeia do discurso. Onde deve passar o corte que vem produzir significação, no nível das palavras, das sílabas, das frases ou dos fonemas? Saussure sugere sua resposta a partir de certo deslocamento.

Ele toma como exemplo as frases, "se eu a prendo" e "se eu aprendo" ["si je la prends" e "si je l'apprends"]. Afirma que será necessário reconhecer-se o sentido da frase, para se estabelecer o corte entre ["*a* e *p*"] ou entre ["*l* e *a*"]. O corte da frase, portanto, será retroativo, dependendo do que acrescento, se "de memória" ["par coeur"] ou se "pela mão" ["par la main"].

Estes elementos, entre outros, propostos por Saussure para fundamentar o Estruturalismo e a Lingüística, levaram Lacan a desenvolver sua noção de estrutura.

Lacan e a estrutura

Quero afirmar que existem diferentes significações para os significantes "estruturalismo" e "estrutura". São noções que englobam diversos seguidores e que nem sempre estão de acordo entre si.

Sua divergência pode ser considerada, de início, com Freud, que utilizou poucas vezes essa noção de estrutura. Uma delas, quando se referiu a um "ponto de vista estrutural" para dar conta das instâncias da segunda tópica – Isso, Eu e Supereu.

Em Lacan, sua posição "estruturalista" e sua noção de "estrutura" estiveram submetidas a muitas controvérsias e tomaram caminhos diferentes daqueles dos lingüistas. Mesmo que tenha sido considerado algumas vezes como "estruturalista", logo cedo afastou-se desse movimento. Chegou mesmo a afirmar, em certo momento de seu ensino, "eu sou funcionalista... porque o estruturalismo é uma pura invenção jornalística [...]".[5]

Portanto, não é excessivo se dizer que sua utilização do Estruturalismo foi tomá-lo como um instrumento para fundamentar a dimensão simbólica na psicanálise. Ancorado no discurso de Freud, aproximou-se dessa "forma de pensar", a partir dos trabalhos de Lévi-Strauss e Jakobson, e, sobretudo com a intervenção que realizou sobre o signo saussureano, procurando redefinir a noção de estrutura.[6]

Como um traço invariante de sua obra, aqui também não existe um sentido unívoco no desenvolvimento que propôs para a noção de estrutura. De início, ele a tomou equivalente à própria linguagem. Talvez até mesmo se possa afirmar que a convergência destas duas idéias, da linguagem e da estrutura, tenha sido uma das causas que o levou a se aproximar do Estruturalismo.

Desde cedo, tendo identificado certas "aporias" no discurso analítico, tratou de realizar com o "poder do simbólico", uma outra leitura do universo imaginário que fazia parte dos textos freudianos. Aos poucos, foi revelando, como uma condição essencial de seu ensino, uma oposição ao que existia de "convencional" na psicanálise.

Em lugar do conhecimento e da contemplação do objeto, passou a enfatizar o "desconhecimento" e, sobretudo, a "falta" do objeto. Para dar seguimento a seu projeto, redefiniu também as noções de castração, frustração e privação, considerando-as como operações inerentes à própria constituição do sujeito e relacionadas à noção de *falta*.[7]

Ainda nesse primeiro período, mesmo às voltas com o Imaginário, não lhe passou despercebido a necessidade de uma referência "terceira",

---

[5] Lacan, J. Sem. XVIII, *D'un discours qui ne serait pas du semblant*, aula de 10/02/71. Documento interno da Association Freudienne Internationale.

[6] Lacan, J. , *L'Instance de la lettre dans l'inconscient*, Écrits, Seuil, Paris, 1966.

[7] Lacan, J., *Fonction et champ de la psychanalyse* ..., Écrits, Seuil, Paris, 1966, pp., 237/322.

como uma condição que viesse assegurar a presença da função simbólica. Nessa ocasião, mesmo tendo identificado um tipo de "lógica coletiva" que pudesse produzir uma reciprocidade entre os sujeitos, procurou mostrar, através do momento de concluir do "tempo lógico", a impossibilidade de relações duais para o sujeito.

Rompia com a condição de um "sujeito recíproco" que se manifestaria nesse tipo de relação imaginária. Assim, deveria existir "pelo menos um", "ao menos um" que pudesse impedir que a relação dual se realizasse como uma condição de "intersubjetividade".

Para dar consistência e um desenvolvimento para esta questão, Lacan atribuiu ao "Estádio do Espelho" a condição de um lugar de impacto da intrusão simbólica. Se num primeiro tempo, o sujeito não se distingue da imagem que o aliena, em seguida, haveria um segundo tempo "de identificação ao outro", que se realizaria no lugar da imagem. Por fim, um terceiro tempo, quando ocorre uma identificação ao "eu" [Je] e não mais ao eu [moi].

Ainda para demonstrar o efeito da intrusão do simbólico no imaginário, tratou de fazê-lo a partir da noção do sujeito. Procurou encontrar a resposta de como a linguagem o determina. Neste caso, não só revelou a importância da insistência repetitiva que se identificava à própria estrutura da cadeia significante e que mantinha relações com o inconsciente, como se referiu a uma duplicação do "outro".

Em oposição ao "outro" do semelhante, Lacan apresentou uma nova função para o "Outro", que passou a denotar com a letra [A] maiúscula.[8] Este *Outro* também veio a ser concebido, entre outras funções, como um "Outro sujeito", o "verdadeiro sujeito", na psicanálise.

Esse sujeito que, de início, o *grande Outro* [A] se tornava representante, nunca se vê neste lugar que ocupa, mas aparece alienado em [*a'*]. Assim, passava a corresponder ao eu [moi] que resulta da relação com o "outro" [a], seu semelhante, numa alusão ao *esquema L.*[9] Em contrapartida, essa

---

8 Lacan, J., sem. II, Le moi dans la théorie de Freud et dans la technique de la psychanalise, Seuil, Paris, 1978, aula de 25/05/1955.

9 Lacan, J., Le séminaire sur "La lettre volée", Écrits, Seuil, Paris, 1966, pp. 52/54.

relação que passa a se constituir num paradigma de qualquer outra relação com o semelhante, sofre também o efeito desse *grande Outro* [A], cada vez que o sujeito toma a palavra.

Para Lacan, a análise neste período passava a se fundamentar na busca deste "Outro sujeito". Todavia, por uma condição de estrutura, este encontro estaria sempre destinado ao fracasso, já que o "muro da linguagem", representado no *esquema L* pelo eixo [a – a'], não permite que ele se realize: "o sujeito está separado dos Outros, os verdadeiros, pelo muro da linguagem", afirmava.

Dito de outra forma, este "sujeito verdadeiro", aquele que vem dar sempre uma resposta que não é esperada, está sempre do outro lado do "muro da linguagem". Por isso mesmo, Lacan ainda que mantendo a idéia de uma "intersubjetividade", não se contentava com o modelo tradicional da comunicação. Ele atribuía uma condição essencial ao sujeito, de que "ele pode mentir".

A presença deste significante "mente", como um fato linguageiro, vinha determinar uma diferença entre o humano e o animal. Quando cada humano se toma por sujeito, não só admite a existência de "outros sujeitos", mas também passa a acreditar que existe para eles esta capacidade de mentir. Isto é, o sujeito não se confunde com seus enunciados.

Assim, mesmo que o sujeito não possa ser localizado, ele se mostra através do exercício de uma *palavra plena*, revelando os efeitos que o campo da linguagem causa na função da fala. Algo que precipita essa condição aonde a verdade vem se realizar. Com isso, Lacan tratou de chamar atenção para o que considerou como "leis da palavra": a *palavra plena* e a *palavra vazia*.

A *palavra plena*, a palavra verdadeira, embora identificada à própria fala do sujeito, não quer dizer que ele se designa, simplesmente, aí, através dela. O que deve ser considerado é que o sujeito, através da *palavra plena*, situa o lugar do *grande Outro*, numa posição de alteridade radical. Assim, mesmo que o sujeito tenha a intenção de enganar ou que procure negar sua evidência, como uma condição de estrutura, ela revela sempre uma verdade.

Para dar consistência a esse desenvolvimento, Lacan não só retornou aos textos de Freud, como se referiu ao paradoxo de Epimênides. Quando se enuncia "eu minto", pode-se estar seguro de que não se mente, pois esse enunciado se sustenta na suposição de um saber já existente.

Portanto, a formulação sugerida por Lacan é de que a *palavra plena*, essa palavra fundadora, manifesta-se e também se estrutura na palavra enganosa, "como vindo do *grande Outro*, de uma forma invertida". Quando um sujeito diz – "você é meu mestre" ou "você é minha mulher" – isso quer dizer o contrário. A mensagem nasce no *grande Outro* [A], passa pelo eu [moi] e vem em seguida ao sujeito, que é intimado a ocupar a posição de discípulo ou de esposo.

Todavia, quando essa palavra fundadora institui esse lugar "contrário" para o sujeito, não se trata de uma negação, como "você não é meu mestre". Aí, a fala, à medida que institui e reconhece o *grande Outro* [A] como "absoluto e verdadeiro", em contrapartida, coloca o sujeito neste lugar de "eu sou seu discípulo".

Cada vez que o sujeito se dirige ao *grande Outro*, tem a verdade de seu enunciado colocada em suspenso; só encontrando seu sentido quando o enunciado retorna até ele. Assim, "você é meu mestre", afirma – "eu sou seu discípulo" – e o *Outro* aparece aí como uma testemunha. Estas falas fundamentais impõem, para cada um, uma determinada condição subjetiva que passa a se constituir como realidades, como estas "sombras" com as quais o sujeito terá que se conformar.

Quanto à *palavra vazia*, esta é aquela que se manifestava na fala do eu [moi], no blá ...blá ...blá do cotidiano. Uma fala que serve à comunicação com os outros, com os semelhantes, e faz parte da estrutura narcísea e do "imaginário".

Pode-se considerar que Lacan, a partir das *leis da palavra*, procurou também introduzir uma diferença entre o significante e o significado, através de uma intervenção sobre o signo saussureano. Embora estes termos já tivessem aparecido no "Discurso de Roma", parece que a primeira ocorrência vinculada ao nome de Saussure [Ferdinand de] é em outra ocasião.[10]

---

[10] Lacan, J., *La Chose Freudienne ...*, Écrits, Seuil, Paris, 1966, pp. 413/414.

Anteriormente, Lacan referiu-se a Saussure [Raymond de], que era psicanalista e filho do lingüista, um dos fundadores da SPP.

Em sua intervenção e leitura do "signo", tomou o *significante* como uma primeira rede que vinha corresponder à própria estrutura sincrônica da linguagem, onde cada elemento participava sob essa condição de "pura diferença". Quanto à segunda, a do *significado*, ela faria parte de uma relação diacrônica do discurso concreto, onde as palavras encadeavam-se produzindo um determinado enunciado significativo.

Aqui, o valor de cada um dos elementos que constituía a "estrutura" passava a depender do lugar que o significante ocupava na cadeia. Lacan passa a se utilizar da própria estrutura do significante, nesse jogo de lugares, para enunciar que "o inconsciente se estrutura como uma linguagem". Uma proposição que vinha definir, em outros termos, o sujeito da psicanálise.

Mais uma vez, alimenta-se de Freud: "wo Es war, soll Ich werden". Para esse enunciado freudiano, não acolhe nenhuma das traduções convencionais, "onde o isso era, o eu deve advir" ou mesmo "o eu deve desalojar o isso". Na ocasião, de uma maneira incisiva, fez uma série de críticas ao tratamento que havia sido dado ao texto de Freud.

De sua parte, ocupou-se desse enunciado, considerando-o como uma referência que Freud fazia ao *ser* e não como uma questão gramatical entre o "eu" [Je] e o eu [moi][11]: "Là oú c'était, [lá oú *s*'était], c'est mon devoir que "je" vienne à être" ["Aí onde isso era, é meu dever que eu venha ser"]. O [*s*] reflexivo introduzido por Lacan, faz homofonia com o ["Es"] freudiano e também com a letra inicial da palavra sujeito, que aparece sob a forma de uma marca, como um vazio a ser preenchido.

Outra questão levantada por Lacan, e que adquiriu toda importância, foi anotar que o ["wo"], que aparece no enunciado de Freud, corresponde a um lugar do ser, um lugar da ex-sistência do sujeito. Assim, como um imperativo ético, ele [o sujeito] deve vir se alojar aí, nesse lugar da enunciação inconsciente, que "é o discurso do Outro".

---

[11] Esta questão não aparece tão clara para o brasileiro. Com uma pequena forçagem poderia se colocar entre o [eu] e o [ego].

Na prática da análise, era essencial que se pudesse realizar essa diferença radical entre o *grande Outro* [A] e o "outro" [a]. Isto é, de um lado, o lugar [A] de onde vem a mensagem e para onde ela se dirige e, do outro lado, este "outro", que é aquele que se vê e através do qual o primeiro *Outro* lhe fala no discurso e que tem seu progresso.

Já nesta ocasião, com a importância que passou a atribuir ao *grande Outro* [A], Lacan desalojou-o dessa função de um "verdadeiro sujeito", para fazê-lo corresponder essencialmente a um lugar:

> *"onde se constitui o "eu" [Je] que fala com aquele que escuta [...] um lugar onde reinam as leis da palavra e que tem relação com o campo do inconsciente e as leis que o estrutura".*[12]

Desta maneira, na estrutura do inconsciente, o sujeito vem se opor ao campo concreto da conservação individual, isto é, do eu [moi].

Isso quer dizer que o *grande Outro* [A] adquire, em sua condição mais irredutível, a função de um lugar, tornando-se equivalente à própria noção de estrutura. Transmuda-se num instrumento que o auxilia na leitura que se propôs a realizar de Saussure.

Lacan vai integrar o significante, ou melhor, a topologia do significante à própria teoria do signo. Ele o faz, não pela natureza ontológica, nem por uma relação necessária com um objeto da natureza. O significante aparece aí, diferente do que muitas vezes se imagina com essa função de ligar o nome à coisa. Isso quer dizer que signo vem corresponder a essa condição que liga um conceito à imagem acústica e, como tal, determina que a lingüística saussureana não se constitui numa afirmação "nominalista".

Essa sua intervenção sobre a teoria do signo que aparece, de início, num texto a meio caminho entre "a escrita e a fala"[13], é mantida num triplo registro. Como *universitário*, já que contém uma "generalidade necessária", como *científico*, por seu rigor e, por fim, como *efeito de formação*, pois trata-se de um discurso dirigido aos analistas.

Desta maneira, Lacan propõe um "exercício de deciframento" ao texto saussureano, para desfazer a função representativa do signo e, com isso,

---

12 Lacan, J., *La Chose Freudienne* ..., Écrits, Seuil, Paris, 1966, p. 431.

13 Lacan, J., *L'instance de la lettre* ..., Écrits, Seuil, Paris, 1966, pp. 493/494.

retificar a psicanálise, que havia sido desviada pelo psicologicismo e pela tentativa de uma compreensão fenomenológica.[14] Sua leitura vem produzir uma ruptura no campo da prática e da própria instituição psicanalítica, fornecendo uma outra gramática e um novo vocabulário para a psicanálise.

A intervenção de Lacan sobre o signo, esse elemento que fundamenta a lingüística, opera modificações fundamentais em sua estrutura:

1 – faz desaparecer a elipse que o envolve e, para dar um destaque ao significante, passa a escrevê-lo sobre o significado;

2 – sugere um "espessamento" da barra que separa estes dois elementos constitutivos do signo. Com isso, desfaz-se a relação de bijeção entre o significante e o significado, que passam a se deslocar em sentidos inversos;

3 – substitui as duas faces do signo, por duas etapas de um algoritmo;

4 – toma posição sobre o "arbitrário" da relação entre o significante e o significado, na constituição do signo, como havia sido sugerido por Saussure. Coloca-se, inclusive, contra Beveniste, que se referiu a uma condição "necessária" entre eles. Lacan vai tratar desta relação, como uma "contingência".

A partir destas operações, retém "a determinação prévia [...] de um novo modo de cálculo" que passa a se escrever na posição inicial de um algoritmo: "S maiúsculo sobre s minúsculo" [S/s]. Uma escritura que tem a função de se diferenciar do signo, tornando possível um cálculo que venha estabelecer as fórmulas dessas operações que passaram a se constituir como *leis da linguagem*, identificadas respectivamente à metáfora e à metonímia e que puderam ser matemizadas através das escrituras,

$$f(S'/S)S \equiv S(+)s,$$
$$f(S\ldots S')S \equiv S(-)s;$$

operações linguageiras, essenciais na estrutura e no próprio funcionamento do inconsciente.

---

[14] Lacan, J., *La science et la vérité*, Écrits, Seuil, Paris, 1966, pp. 866/868.

Lacan, mesmo que tenha introduzido modificações radicais na estrutura sígnica, manteve algumas homonímias com a lingüística de Saussure. Assim, significante, significado, signo, significação... o próprio binarismo da estrutura não param de aparecer nos dois discursos. O que está modificado, essencialmente, é o "sistema" ou a estrutura onde estes elementos estão incluídos.

Ao ter motivado o significante, Lacan vai afirmar que a linguagem não pode ser pensada a partir do signo. Isso quer dizer que se utilizando da lanterna de Freud, iluminou essa condição de que era preciso

> *"se desprender da ilusão de que o significante responde à função de representar ao significado... [ou]... que o significante deve responder de sua existência a título de qualquer significação que seja".*[15]

Como se pode observar, mesmo que a essa altura já apareça uma discordância com Saussure, a ruptura que vai promover com a lingüística, de uma maneira mais efetiva, não será nesse momento. Aqui, nessa ocasião, trata mesmo de restabelecer uma "verdade" da descoberta saussuriana através do humor.

Em oposição à "ilustração falsa" do signo lingüístico que se mostra no exemplo da "árvore" e do significante que a nomeia, ele introduz uma diferença do significante, estabelecendo uma duplicação que vem instituir um novo significante, o Falo [Φ], elemento que vai servir também para estabelecer a diferença sexual. No lugar do significado [conceito] que poderia representar as leis da "segregação urinária" nas portas dos banheiros, através das imagens de homem e mulher, o que o significante institui são lugares distintos.

Desta maneira, sob os significantes "Homens" – "Mulheres", não se encontram mais as imagens de "homem e mulher", mas uma pura diferença que revela a intrusão do significante do Falo [Φ]. Isso vem ser representado por duas portas iguais que produzem, na surpresa de uma precipitação, o sentido esperado. O míope não decifra o significado do

---

[15] Lacan, J., *L'instance de la lettre ...*, Écrits, Seuil, Paris, 1966, p. 498.

significante inscrito, senão a pura diferença dos lugares, afirma em "A instância da letra...".[16]

Ao promover este desenvolvimento, escrevendo o algoritmo "S maiúsculo sobre s minúsculo" [S/s], a partir de sua intervenção sobre o signo e da prevalência atribuída ao significante, a noção de estrutura na psicanálise torna-se equivalente à própria estrutura da linguagem. O *grande Outro* [A] passa a ser concebido como um conjunto que deveria conter "todos" os elementos linguageiros que pudessem nomear os diferentes objetos que fazem parte das realidades do sujeito.

Estes elementos singulares e discretos da linguagem estabelecem um tipo de relação *covariante*. Aqui, também, o valor de cada um deles não existe em si mesmo, mas vai depender da relação que mantém com o elemento vizinho, que o antecede ou sucede, numa "pura diferença", na cadeia de significantes, diz Lacan, como se estivesse parafraseando Saussure.

Ao tratar desse "valor" do signo, em seu aspecto material, mais uma vez ele traz uma homonímia com a lingüística. Com efeito, o significante, em sua essência, não é fônico, mas "incorporal", sendo constituído não por sua substância material, como se pode pensar muitas vezes, mas pelas diferenças que separam sua imagem acústica de todas as outras. Já havia comentado, anteriormente, sobre esta questão.

Seu movimento seguinte foi procurar estabelecer também estas diferenças no campo da psicanálise. Se, para Freud, esse *grande Outro* [A] impersonalizado poderia corresponder ao lugar dessa "memória" nomeada de inconsciente, no ensino de Lacan, foi-lhe atribuído diversas funções.

Em primeiro lugar, quando ainda estava às voltas com o imaginário, referiu-se a um tipo de "lógica coletiva" que viria produzir uma reciprocidade entre os sujeitos, no momento de concluir do "tempo lógico"[17] Já nesta ocasião, não deixou de considerar a necessidade de uma referência terceira, como uma condição que viesse assegurar a presença da função simbólica.

---

[16] Id., Ib., pp. 499/500.

[17] Lacan, J., *Le temps logique et l'assertion de certitude antecipée*, Écrits, Seuil, Paris, 1966, p. 213.

Logo ao construir o *esquema L*[18], rompeu com a condição de um "sujeito recíproco" que se manifestaria nesse tipo de relação imaginária. Procurou mostrar a impossibilidade de relações duais para o sujeito, sugerindo a presença de pelo menos um terceiro, "ao menos um" que pudesse impedir que a relação dual se realizasse como uma condição de "intersubjetividade".

Posteriormente, em sua condição mais irredutível, o *grande Outro* [A] passou a ser concebido como um lugar, um "topos" habitado por significantes. Essa estrutura linguageira vem preceder o animal humano em sua existência e, através dela, o humano pode garantir a continuidade de sua existência mesmo após a morte.

O *grande Outro* [A] não só adquire o estatuto de um lugar habitado por significantes, como contém o código de cada língua, sendo ainda a "casa" do sujeito onde as trocas simbólicas podem ocorrer. O *Outro* passa a ser uma condição necessária e lógica para todo ato da fala.

Aqui há uma sutileza a se considerar. Para que isso aconteça, não se necessita de um "semelhante" entre o sujeito e o *Outro*, como Lacan demonstra no *Esquema L*. Por uma condição de estrutura, o sujeito sempre que toma a palavra e enuncia sua mensagem, deve-se considerar que ele a recebe, inicialmente, como uma mensagem que vem do *Outro* e de uma maneira muito singular, ele a recebe de uma forma invertida.[19] Esse dispositivo funciona, mesmo que se encontre numa viagem solitária.

Todavia, sempre que o sujeito enuncia algo, sua mensagem não só vem do *Outro*, como retorna ao *Outro*. Isso quer dizer que a significância do que é dito, não está simplesmente no sujeito que fala como a intuição determina, mas naquele que escuta. Portanto, a significância do que é dito não se encontra do lado do sujeito que fala, mas no "poder discricionário do ouvinte"[20], para onde a mensagem se dirige.

---

18 Lacan, J., sem. II, *Le moi dans la théorie de Freud et dans la technique de la psychanalise*, Seuil, Paris, 1978. Lacan trata dessa questão não só em outros seminários, como nos Escritos, no seminário sobre a Carta Roubada e De uma questão preliminar a todo tratamento possível da psicose.

19 Aqui devo me referir a uma exceção. Nos psicóticos, diferente ao que acontece no geral, o sujeito recebe sua mensagem do Outro de uma forma direta.

20 Lacan, J., *Variantes de la cure-type*, Écrits, Seuil, Paris, 1966, p.331.

Assim, só depois que o sujeito tiver falado é que deverá ocorrer essa operação de significação do que foi dito. Por isso mesmo a função primordial da fala não é comunicar, mas produzir efeitos significantes, isto é, assegurar ao sujeito simplesmente o que ele é "e nada mais".[21]

A partir dos trabalhos de Jakobson sobre as afasias [1956], Lacan acrescentou algo a mais ao *Outro.* Passou a considerá-lo como equivalente à própria estrutura da linguagem, organizando-se em torno destas duas figuras de retórica: a *metáfora* e a *metonímia.*

Dito de outra forma, estes elementos mínimos e singulares [os significantes] não só passavam a fazer parte de uma *sincronia,* como traziam a suposição de serem mantidos em série. Isso quer dizer, numa *diacronia* que funciona "como uma frase que não se conclui", mas que vem organizar a própria dimensão da linguagem.

Desta maneira, estas *leis da retórica* foram também identificadas, respectivamente, às operações freudianas de condensação e deslocamento.[22] Operações que, por definição, vêm constituir o próprio funcionamento do inconsciente, que passava a se estruturar como *uma* linguagem.

No entanto, a linguagem que estrutura o inconsciente não corresponde àquela concebida pelos lingüistas, já que o significante que constitui o signo saussureano distancia-se do significante lacaniano. Do ponto de vista da lingüística, esse *grande Outro* pode até mesmo funcionar como uma engrenagem mecânica, como uma maquinária que trabalha sem deixar restos. Todavia, do ponto de vista da psicanálise, quando se o concebe como uma estrutura, outras considerações devem ser levadas em conta.

Diferente, portanto, do que ocorre à lingüística, algo essencialmente humano vem subverter essa condição linguageira e seu funcionamento. Aludo aqui, em primeiro lugar, à função do desejo. Desde Freud, mas, sobretudo com o ensino de Lacan, busca-se sempre a maneira como o desejo subverte a estrutura linguageira, já que sua presença passa a pro-

---

[21] Lacan, J., Sem. I, *Les écrits techniques de Freud,* Seuil, Paris, 1975.

[22] Lacan, J., *Fonction et champ de la parole et du langage en psychanalyse,* Écrits, Seuil, Paris, 1966, p. 268.

duzir efeitos singulares no sujeito. Em segundo lugar, o caráter sempre de auto-referência que existe numa psicanálise em intenção. O sujeito quando toma a palavra fala sempre dele mesmo.

Lacan refere-se à psicanálise como uma prática simbólica que vem se ocupar dos efeitos localizados que a estrutura da linguagem causa no sujeito. E para diferenciá-la da lingüística, passou a designá-la de *linguisteria.*

Uma condição que não só vem constituir o sujeito do inconsciente, como altera sua comunicação e modifica sua própria vida sexual. Com efeito, atuando sobre o organismo, ela inaugura uma nova condição, sua existência. Refiro-me ao aparecimento dessa "condição" singular que passa a atuar sobre o sujeito e que vem substituir o "saber instintivo" que faz parte da vida dos animais. Essa intervenção do significante sobre o organismo humano e mesmo sobre a Natureza possibilitou a Freud concebeu essa condição que a linguagem causa ao humano, como "pulsão".

Essa condição linguageira anima também o inconsciente, isto é, aquilo que de real *ex-siste* no inconsciente. Um fato que vem determinar ao sujeito de gozar com o sofrimento de fazer sofrer e mesmo de se fazer sofrer com prazer.

Trata-se de um dispositivo linguageiro que atua de uma maneira indefinida e "acéfala", determinando que o "encontro" entre os seres de linguagem seja estruturalmente diferenciado daquele que se realiza entre os animais. No mundo animal, este mundo que se pode chamar de "natural", e que não existe para os humanos, estabelece-se uma relação direta com os objetos. A estrutura significante penetra em todos os lugares da natureza e altera seu estatuto natural.

Assim, no momento do acasalamento, cada macho procura a fêmea de sua mesma espécie. Não há qualquer dificuldade na escolha, na especificidade e no que fazer, pois cada parceiro já o sabe. Dentro de uma relação onde não se levanta qualquer questão de natureza ética, eles se procuram para dar uma continuidade à espécie.

No mundo simbólico, no *im-mundo* do sujeito, esta relação desenvolve-se de outra maneira. No momento em que o sujeito é intimado a procurar um parceiro ou uma parceira, ele não o faz submetido à qualquer necessidade biológica, mas a uma condição que se estrutura como uma demanda. Aqui, a orientação que ele segue não está construída previamente pela biologia, mas por algo que existe em sua atividade mental.

Desde cedo, sem que o sujeito saiba nada disso, a partir das relações com os outros reais parentais, constrói-se em sua mente a imagem de um "objeto", de natureza heterodoxa, que irá orientar sua escolha no futuro. A psicanálise nomeia essa condição de *fantasma fundamental*.

Assim, quando intimado a procurar seu parceiro ou parceira, será a imagem desse "objeto" que irá se impor em sua mente: se do outro sexo, se do mesmo sexo, se objetos bizarros, se crianças ou velhos... nada disso importa. Será a imagem desse constructo que existe em sua mente que irá determinar sua escolha.

Mais tarde, Lacan tratou desta questão através de uma proposição lógica que se enuncia de uma maneira emblemática: "não há proporção (*rapport*) sexual". Não se trata de uma questão relacionada à prática sexual, ao coito, como muitas vezes se pensa, pois isso existe. Com efeito, trata-se da impossibilidade de se inscrever uma proporção entre o significante que venha ser representante do homem e o significante que pudesse vir ser representante da mulher, desde quando ela não existe.

Esse enunciado nos autoriza duas inferências: a primeira, de que em relação ao animal humano não existe na natureza qualquer objeto que lhe seja específico para o sexo. A segunda, de que falta um saber pré-estabelecido do que se fazer com o parceiro sexual. Aqui, o sujeito deverá inventar algo com seu parceiro, numa condição equivalente àquela que se realiza com o inconsciente: um saber que terá também de ser inventado.

Esse "desencontro" que ocorre no "sexo" também faz parte da comunicação. Por habitar na ordem simbólica, a fala do sujeito estará sempre submetida a um "mal entendido" quando de seus laços sociais. Em qualquer uso que faça da palavra – como instrumento de dominação, de intimidação, no jogo amoroso ou mesmo no ensino – por um princípio de homonímia, ela comporta sempre um nó de significação que envolve o somatório de seus empregos em cada língua.

Isso quer dizer que a palavra estará sempre realizando um outro sentido, além daquele que se pode considerar convencional. Esse sentido oculto da palavra determina que o diálogo, mesmo em sua condição mais íntima, constitui-se numa condição "impossível" de se desenvolver sem mal entendido.

Em torno da linguagem deve-se ainda formular outra questão. Como essa estrutura simbólica que está "fora", no exterior e é comum a todos os seres de fala, pode passar para o interior do corpo e tornar-se imaginariamente de cada um? Lacan, aqui, também não dá uma resposta unívoca para essa pergunta, mas propõe seus desenvolvimentos.

Do meu lado, vou tomar partido para seguir um dos caminhos que orienta uma de suas respostas. Trata-se de uma "ficção de incorporação". O *infans*, no ato da amamentação, ao mesmo tempo em que ingere o leite, utiliza-se dessa mesma via para colocar outros elementos no "interior do corpo". Estes "outros elementos" não correspondem necessariamente a uma substância como o leite, mas correspondem entre outras coisas à própria "materialidade" da linguagem: os significantes, as letras e talvez até mesmo a voz, que vem se constituir como uma presença do Outro real da linguagem.

Com efeito, desde aí, a voz já penetra no sujeito por seu caráter jaculatório. Assim, antes mesmo de incorporar as palavras do Outro ou repetilas sem qualquer processo criativo, a não ser para dar continuidade à sua existência, o feto, o filhote do homem, o "sujeito de fraldas" já é afetado pelo Outro real da linguagem, através da voz.

Essa operação de "incorporação" constitui-se, portanto, num processo que possibilita ao *grande Outro* passar do exterior para o interior do corpo. Trata-se de uma operação que vai inscrever o simbólico no corpo. É através dessa operação que o "primeiro corpo" – aludo aqui ao corpo do simbólico – pode ser incorporado. Só assim, quando

> *"o primeiro corpo faz com que o segundo aí se incorpore [...] a estrutura pode produzir o afeto e os efeitos localizados no sujeito".*[23]

É preciso se levar em conta que essa operação de "incorporação" não se realiza só através da boca, como muitas vezes se pensa. De um ponto de

[23] Lacan, J., *Radiophonie*, Autres écrits, Seuil, Paris, 2001, p. 409.

vista topológico, esse buraco "boca" torna-se equivalente a outros buracos do corpo, como o nariz, os ouvidos, os olhos, a vagina, ao anus e até mesmo a uretra.

Deve-se também considerar a presença de outros tipos de "buraco de incorporação" que são construídos a partir da atividade pulsional. Estes outros "buracos" do corpo construídos a partir das pulsões são orifícios homeomorfos ao que se pode considerar como buracos do real. Isso quer dizer que não correspondem aos buracos "naturais" do organismo, mas são construídos a partir de um *dizer* que afeta o corpo, essa estrutura que vem sustentar o próprio sujeito.

Não é excessivo se considerar que essa apropriação inaugural da linguagem para o humano pode muitas vezes também ser identificada como uma noção de introjeção. Algo relacionado a uma operação da *fase oral*, quando se procura colocar algo do exterior, no interior do corpo.

Todavia, quando se olha para ela através dos fundamentos da análise, não se trata de uma condição tão óbvia quanto parece. Com efeito, a *incorporação* não corresponde a esta operação que se pode metaforizar num banquete totêmico em que o filho mata o pai e, em seguida, o devora, colocando-o em seu interior, na esperança de adquirir seus poderes e seus valores.

Deve-se considerar neste caso que, de uma maneira paradoxal, esta operação inaugura um tempo lógico em que é a linguagem que captura o sujeito. Como uma metáfora, é o pai que "devora" o filho, que "devora" o *sujeito*, como Cronos o fez. Isso ocorre de tal maneira que o próprio corpo que vai sustentar o *sujeito* é colocado a serviço do Outro, ainda que isso implique um sacrifício de morte para este ser de linguagem e de sexo tenha que realizar.

Lacan utilizando-se de uma homofonia entre ["faire réel"] e ["ferrer, elle"], procurou atribuir a esta operação de incorporação uma condição equivalente àquela feita com marcas de fogo quando se ferra os animais. Assim, quando o *Outro real da linguagem* atua sobre o organismo do vivente, vai transmudá-lo num corpo que se torna uma substância de gozo.

Dito de outra forma, o corpo passa a se constituir num leito, numa superfície real que vai servir de lugar para que os primeiros significantes ou letras se inscrevam na carne.[24] Estas marcas vêm adquirir valor de *signos de pertinência*, ou também como *marcas eróticas* que se tornam equivalente às tatuagens e às escarificações que tomam o estatuto de objeto causa do *desejo do Outro*, mesmo que esse grande *Outro* não exista. Estas inscrições iniciais possibilitam ao sujeito um tipo de *Identificação Primária* ou uma *Identificação ao Pai*.

Lacan, no final de seu ensino, vai sugerir com a topologia da cadeia borromeana outra mostração para este processo de "incorporação". Ele o faz a partir de um avessamento do toro.[25]

Desde o seminário sobre "A Identificação" que o toro[26] passou a ser considerado como um objeto que poderia simbolizar "a função do sujeito em suas relações com o grande Outro".[27] Esse fato possibilitou a Lacan conceber a noção de estrutura como de uma natureza tórica e a definir o sujeito do inconsciente como um "ser infinitamente plano" que passeia, que se desloca na superfície do toro.

Quando se faz um corte transversal ou mesmo um buraco na superfície do toro, pode-se efetuar uma transformação contínua de avessamento. De início, obtém-se um cilindro ou mesmo um objeto com a forma de um bastão que contém dois orifícios, duas "bocas" em suas extremidades: uma anterior e uma posterior.

Embora estas duas figuras, que são produzidas a partir destes dois cortes, sejam diferentes da figura original, elas continuam guardando uma mesma estrutura tórica. Assim, o que se deve levar em conta é que a estrutura da linguagem que é exterior e está representada pela superfície externa do toro, com a operação de avessamento, passa para seu interior e vice-versa.

---

[24] Lacan, J., Sem. XIV, *La logique du fantasme*, aula de 10/5/67. Edição da Association Lacanienne Internationale.

[25] Lacan, J., Sem. XXIV, *L'insu que sait de l'une-bévue s'aile à mourre*, Ornicar? 12/13, aulas de 16/11 e 14/12 de 1976.

[26] O toro é um objeto topológico de superfície que tem a forma de um anel ou de uma câmara de ar.

[27] Lacan, J., Sem. IX, *L'Identification*, aula de 14/03/62. Publicação interna da Association freudienne internationale.

Aqui, o processo de "incorporação" corresponde a essa operação de passagem da parede exterior da superfície do toro para seu interior. Através dessa noção, Lacan não só atribui ao corpo do vivente a condição de uma estrutura tórica, como vai tomá-la como um "protótipo corporal".

Essa operação, portanto, possibilita ao sujeito colocar no interior do corpo os elementos que existem em seu exterior, sobretudo a própria linguagem que o envolve como um envelope sonoro.[28] Por causa da natureza exterior da linguagem em relação ao corpo ou mesmo ao organismo, ela aparece sob uma condição de "estranheza" para o sujeito.

Embora o animal humano receba a linguagem como uma herança, para se engendrar como sujeito, para habitar na ordem simbólica e garantir sua ex-sistência, precisa fazer sua parte. Isso quer dizer que, para garantir sua continuidade nesse lugar habitado por significantes, deverá pagar seus tributos.[29]

Aqui, ainda, diferente do que ocorre com os animais, deverá passar precocemente por duas operações linguageiras que foram nomeadas de *alienação* e *separação.* A primeira é considerada como "um dever ético" que decorre do próprio efeito do significante sobre o humano. Assim, não se trata, simplesmente, de que o significante venha do *Outro*, mas de que o sujeito, este ser de fala e de sexo, deverá fazer "uma escolha forçada" na direção do *Outro.*

Se na *alienação* o sujeito é "forçado" a escolher a linguagem como sua casa, através dessa segunda operação – a *separação* – ele realiza uma intervenção "ativa", atacando a própria rede de significantes para poder separar-

[28] Essa mesma operação de avessamento do toro também é usada por Lacan como um paradigma das identificações. Nesse caso, o processo de "incorporação" serve para dar conta da identificação primária, uma identificação por amor ao pai: "deve-se comê-lo, para ser como ele". No seminário XXII, RSI, na aula de 18/03/75, Lacan refere-se ainda a essa operação como uma "identificação ao real do Outro real".

[29] Na análise ao se instituir a regra da "associação livre" se dispensa o sujeito de sustentar seu discurso na primeira pessoa. Ao suspender sua função de sujeito, ele paga por não saber o que diz, de dizer mais ou menos do que espera, ou ainda nem mesmo sabe para quem fala.

se dela. Nessa operação de *separação*, ele expulsa, coloca para "fora" desse conjunto inicial um determinado significante que passa a representá-lo.

Através dessa operação de expulsão de um significante do campo do *Outro*, o sujeito, esse "elemento crucial da psicanálise", também se expulsa, se separa do *Outro*. Isso quer dizer que o sujeito "*se parere*" da rede de significantes, engendrando-se a si mesmo, a partir daí como um *sujeito dividido* e denotado na álgebra lacaniana por um *S* barrado [$].[30]

De um ponto de vista estrutural, do lado do *sujeito*, existe algo que se perde nessa operação de *separação* e que se metaforiza na perda de uma parte do corpo que o sustenta. Só a partir dessa perda definitiva de uma parte de si mesmo, que adquire o estatuto de objeto, de objeto (*a*), é que o *sujeito* pode se realizar como um "sujeito do inconsciente".

Portanto, estas duas operações vão colocar o *sujeito* sob a tutela de um significante, o significante-mestre [S ou S_1]. Um significante que o mortifica no próprio ato de seu engendramento e que passará a representá-lo por toda sua ex-sistência.

Aqui, vou acrescentar duas considerações em relação ao significante, na psicanálise. Em primeiro lugar, para considerar que o significante, em sua essência, não deve ser tomado pelo seu aspecto fonético, nem mesmo material, mas como um elemento incorporal que se realiza por sua diferença com qualquer outro significante. Em segundo lugar, essa relação com a morte que o significante engendra, não deve ser considerada como algo que trate de uma interrupção da linha da vida, como intuitivamente se poderia pensar. Corresponde a uma condição lógica que vem fazer limite à função da história do sujeito.

Uma condição que coloca esse *sujeito* do inconsciente [$] num lugar e numa posição diferente dessa idéia clássica de "um ser para a morte". Embora Lacan em muitos momentos tenha um reconhecimento por Heidegger, este "ser que vive na antecipação e na denegação da morte" não

30 Lacan, J., Position de l'inconscient... , Écrits, Seuil, Paris, 1966, pp. 842/3.

está colocado segundo a ética da psicanálise. O *sujeito* já vive sua "morte" quando passa a habitar na cadeia significante.

Isso quer dizer que a partir destas operações de *alienação* e *separação*, a estrutura da linguagem, descritivamente, passa a conter a presença de uma "falta". Esse significante a menos que é expulso da rede significante passa a representar o *sujeito*.

Retomarei essa questão no próximo capítulo.

III

Há um buraco na estrutura

Ao afirmar que o "inconsciente se estrutura como uma linguagem", Lacan veio revelar as "relações eternas" do humano com essa condição linguageira que se inaugura através de um processo precoce de simbolização. Uma condição inferida por Freud a partir de uma brincadeira que observou de um de seus netos, quando ainda era bebê.

Ele jogava seus brinquedos para longe, esperando que os devolvessem para, logo em seguida, repetir a ação. Entre seus brinquedos havia um carretel amarrado num cordão, que também era lançado na direção do berço. Diferente do que acontecia com os outros brinquedos, ele mesmo recolhia o carretel, puxando-o pelo fio.

Na alternância destes movimentos de afastamento e aproximação do carretel, seu neto emitia dois tipos de sons simultâneos:"o — a". Posteriormente, eles foram identificados por Freud aos significantes Fort / Da, que significavam estas duas posições: de ausência e de presença do objeto em relação ao bebê. A leitura de Freud era que seu neto repetia com esta brincadeira uma tentativa para suportar e elaborar as idas e vindas da mãe.

Para Lacan, no entanto, esse (f)ato constituía-se em algo fundador do próprio *sujeito*. Tratava-se de um processo precoce de simbolização que vinha revelar a maneira como a linguagem inaugura o estatuto particular do *sujeito* à medida que denega e evoca sua própria ex-sistência.

Dito de outra maneira, através da linguagem, quando a criança instaura essa "falta" no *Outro*, ao nomear a ausência do objeto ["Fort"], neste mesmo ato significante instaura também sua própria "falta" em relação a esse *Outro*. Essa experiência linguageira que se realiza através de uma dupla "função de falta" não só inscreve a realidade da ex-sistência do sujeito e da presença do objeto mas, sobretudo, institui o lugar do *Outro* como uma alteridade a ser considerada.

Aqui, enquanto o objeto vai realizar-se nessa "falta" instituída pelo significante, onde a morte da *Coisa* [Das Ding] é elevada à categoria de conceito, o *sujeito* toma seu lugar na linguagem através de uma operação de "negação". Lacan, de início, equivaleu essa "negação" a um tipo de Verwerfung primordial. Uma operação que constitui o *sujeito* diferente do organismo, separado da representação de seu corpo e até mesmo do que vai constituir-se como "eu" ["moi"].

Diante dessa "falta" percebida no *Outro*, o *sujeito* responde com sua própria "falta", propondo seu desaparecimento. Essa "dupla falta" vem demonstrar, de um ponto de vista descritivo ou mesmo em sua essência lógica e matemática, que a estrutura linguageira onde o sujeito habita deve ser considerada incompleta.

No seminário da *Angústia*,[1] Lacan tratou essa "falta" do significante que aparece na estrutura como um "vício", um *vício da estrutura*. Essa "falta", portanto, que existe no *grande Outro* insiste em produzir seus efeitos sobre o sujeito, numa condição equivalente à própria noção de privação.

Trata-se, portanto, de uma "falta" que se constitui como uma propriedade inerente à própria estrutura da linguagem e, como tal, não poderá ser desfeita ou sequer completada. Mais tarde, esse "vício da estrutura" veio corresponder à própria condição de desarmonia do *sujeito* à linguagem.

Pode-se ainda considerar que esta "dupla falta", no *Outro* e no *sujeito*, vem abrir os caminhos do desejo. Do lado do *Outro*, ela institui essa condição como uma demanda incondicional que se matemiza na escritura

[1] Lacan, J., Sem. X, *L'Angoisse*, aula de 30/01/1963. Publicação interna da Association Lacanienne Internationale..

[$ ◊ D] e que persiste como uma sucessão articulada sem que uma intenção consciente possa vir sustentá-la. Essa condição reveste-se como um enigma para o *sujeito*, pois ele não sabe nada do que lhe é demandado.

Do lado do *sujeito*, ele fica implicado a essa estrutura linguageira, passando a sofrer os efeitos da cadeia de significantes que subsiste como um discurso inconsciente. Aqui, para fazer frente a essa demanda, o sujeito toma para si mesmo uma questão que, inicialmente, encontra-se do lado do *Outro*. O sujeito a formula através dessa pergunta – "Che vuoi?", "que queres?", "com que eu [moi] você me quer?"

É sob essa condição que faz seu primeiro encontro com o desejo, como um "desejo do *Outro*", ou melhor, como o "desejo do desejo do *Outro*". Só assim, tendo o *Outro* como desejante, o sujeito passa a articular algo que concerne à função de seu próprio desejo. Dessa maneira, o "sujeito de fraldas", como me refiro, encontra-se numa posição à espera que o *Outro* possa dar uma resposta a essa questão.

O que é necessário considerar, é que o *grande Outro*, por uma condição de estrutura, não pode responder a esta questão, pois em sua condição mais irredutível trata-se de um lugar, de um *topos*. Assim, diante dessa presença primitiva e opaca "do desejo do desejo do *Outro*", o *sujeito* aparece sem recursos, desamparado [*Hilflosigkeit*].

É em torno desse ponto de urgência do desejo que vem constituir-se essa condição que Freud nomeou de "experiência traumática". Aqui, o próprio *sujeito* deverá construir, terá que inventar algo que possa produzir um sentido, em seu *im-mundo* de linguagem, para organizar, administrar e mesmo suportar esse "trauma" de ter nascido desejado.

Aqui, duas orientações podem ser encaminhadas. Uma primeira diz respeito ao que Lacan considerava no início de seu ensino, como uma "resposta antecipada". Uma resposta que já existe anterior à pergunta formulada.

O *sujeito*, mesmo não sabendo o que o *Outro* deseja, crê que esse *Outro* lhe responde através de um significante ou de uma bateria de significantes que contém e que lhe serve. Essa condição corresponde no *grafo de desejo*, ao que Lacan considerou como um "significante do *Outro*" e que veio a ser matemizada por [S(A)], S de grande (A). Algumas vezes, esse significante que o *Outro* propõe ao *sujeito*, é recebido como um "mugido" que passa a representar essa figura obscena e feroz, identificada com o próprio supereu.

Nestas condições, o "sujeito do inconsciente", para se afirmar, procura fazê-lo através de outras questões que volta a formular. Isso quer dizer que a resposta que existe no *Outro* e que ele [o sujeito] não sabe qual é, já que se trata de uma consistência do real, vai estar sempre alimentando suas perguntas. Outras perguntas.

Quanto à segunda questão a ser orientada é que o *sujeito* recorre a um dispositivo imaginário que procura construir, para deter o desamparo que o acomete. Mesmo sem saber, realiza um jogo de mestria que se desenvolve na relação com seu semelhante e seu "próximo". Para isso, por amor ao *Outro*, vai vestir-se com um paramento e *se fazer* um lugar de gozo. O *sujeito* faz-se um objeto que ele crê que possa satisfazer ao *Outro*, naquilo que lhe falta.

Aqui também há uma sutileza a se considerar. Essa construção imaginária que o sujeito realiza como uma presença de objeto, um objeto que ele imagina que o *Outro* deseja, ele *se faz* sem saber. Essa construção nomeada de *fantasma fundamental* e matemizada por [$◇a], passa a regular sua vida, suas escolhas e inclusive sua posição sexuada.

Se no início de seu ensino, Lacan considerou que o *sujeito* identificava-se a uma face imaginária do objeto [*a*], esse objeto inominável que causa e sustenta o desejo, mais tarde, deu a este objeto o estatuto de real. Assim, o *sujeito* é recoberto com diferentes roupagens que tomam a forma dos objetos da pulsão: o seio, as fezes, o olhar, a voz, o nada, a dor, construindo algo onde seu desejo vai aprender a se situar.

Dito de outra maneira, por uma condição de estrutura, o *fantasma fundamental* constitui-se num artefato que vem proteger o sujeito dos efeitos do real e sustentar seu desejo, que é de se fazer o objeto "do desejo do desejo do *Outro*". Ele busca preencher de uma forma imaginária, através dessa estrutura que tem uma função de acomodação, essa "falta" que ele supõe que exista no *grande Outro*.

Será através deste constructo que irá produzir suas realidades plurais. Uma condição que também fixará seu desejo, não coaptado a qualquer objeto, mas a essa própria estrutura fantasmática. Um desejo de nada.

No desenvolvimento proposto por Lacan, essa "falta" que passava a existir no *Outro*, esse significante a menos, veio a ser designado de *Falo* e denotado pela letra phi maiúscula [Φ]. Desde que estava relacionado com o "significante do desejo do Outro", passou a representar também a própria noção da castração simbólica.

Aqui, portanto, em oposição a esse significante que "falta" no campo do *Outro* e que corresponde ao Falo simbólico [Φ], haverá um significante que foi excluído e colocado "fora" do conjunto. Ele passa a ser considerado como um significante a mais e vai ser denotado na álgebra lacaniana, por [S_1] e designado de *significante-mestre*. Isso veio determinar que o *Outro*, também de um ponto de vista lógico passasse a ser concebido como incompleto e matemizado por [S_2] ou grande Ⱥ barrado. Assim, vem se realizar essa alteridade radical entre [S_1] e [S_2].

Esse desenvolvimento que ocorreu no ensino de Lacan correspondeu a um período onde se firmava uma prevalência do simbólico sobre o imaginário e o real. Quanto à noção da "falta" na estrutura, ela veio a ser determinada pela expulsão desse significante do "sistema" e que passava a lhe dar consistência.

O *sujeito*, engendrado a partir da linguagem e representado na linguagem, habita nessa estrutura simbólica numa heteronomia radical em relação ao *Outro*, que permanece em "falta" desse significante excluído que passa a representar o sujeito. Lacan referiu-se a essa posição do sujeito como uma condição lógica denominada de "exclusão interna".

Desde que habita na linguagem sob essa condição, o *sujeito* só pode inferir sua ex-sistência a partir de seus efeitos no discurso. Efeitos pontuais que não guardam, simplesmente, relações com sua história, mas com algo que vai estar relacionado a seus "interesses" singulares.

Aqui, embora não se possa retirar o valor da diacronia em sua ex-sistência, pois ela funciona em conjunto com a sincronia, o discurso analítico deve exibir uma condição de "anistoricismo" para o *sujeito* do inconsciente. Uma condição que trará conseqüências à própria prática da psicanálise e que retomarei mais adiante com relação à concepção de *discurso*.

Uma noção que deve ser olhada sob o ponto de vista de uma topologia ou mesmo como uma tipologia, concebida como uma pura relação de lugares e letras. O discurso para a psicanálise é "anti-histórico" ou mesmo "anistórico". Isso veio ser assegurado pelo movimento que Lacan propôs de tomar a estrutura como sendo do real, que passava a ocupar uma posição central na análise.

Lacan passa a matemizar essa condição da estrutura, onde o real ganha uma prevalência, com um algoritmo já conhecido desde o "grafo do desejo" como S de grande A barrado – S(Ⱥ). No entanto, se anteriormente esse matema escrevia o significante que faltava no *Outro*, daqui em diante passa a significar a presença de um "buraco" que existe na própria estrutura.

Embora vá tratar ainda desta questão no próximo capítulo, gostaria de antecipar, afirmando que o *sujeito* diante do real de sua ex-sistência, que toma uma forma de "buraco" na estrutura, necessita construir algo, inventar um Saber que venha a orientar a errância de sua ex-sistência. Um fato linguageiro que teve suas conseqüências na prática e da teoria na psicanálise, já que especifica algo do próprio destino do *sujeito*.

Daqui em diante, vou considerar que Lacan também se utilizou de outro desenvolvimento para conceber e suplementar essa "falta que existe no *grande Outro*". Ele o fez a partir da *noção de objeto*.

Na primeira parte de seu ensino, o "objeto" fundamentava-se numa dimensão imaginária. Por isso mesmo só adquiria existência e valor a partir da importância que passava a ter para o outro semelhante, que era tomado como rival. Lacan tratou dessa questão muitas vezes quando se referiu ao "Estádio do Espelho".

Aludiu em várias oportunidades à descrição de Santo Agostinho, que falava ter visto uma criança ainda muito pequena tornar-se lívida de ódio e com inveja, ao presenciar seu irmão menor sendo amamentado no peito da mãe. O sujeito, portanto, passava a considerar a existência e o valor do objeto, com o qual manteria uma relação dual, a partir da presença desse outro, o semelhante e seu rival.[2]

---

[2] Lacan, J., sem. II, Le moi dans la théorie de Freud et dans la technique de la psychanalise, Seuil, Paris, 1978, p. 297.

Avançou ainda sobre esta questão do "objeto", quando se referiu pela primeira vez ao objeto [*a*], nos Escritos. Considerou-o como fazendo parte da própria estrutura simbólica. Dizia naquela oportunidade que o objeto [*a*], objeto do desejo, *"não é só parte, ou peça separada [...] do corpo, mas elemento da estrutura desde a origem"*.[3]

No entanto, no período em que deslocou a prevalência do simbólico para a dimensão do real, como um fato de estrutura, a função do objeto [*a*] foi também se transmudando. A partir daí, procurou fundamentá-lo através de propriedades lógicas.

Este fato de estrutura trouxe suas conseqüências. A primeira delas é que o objeto [*a*], ao adquirir o estatuto de real, tornava-se incompatível com a própria estrutura significante. Assim, em oposição ao comentário anterior, o "objeto" por definição aparecia "rejeitado" do simbólico e passava a se constituir na própria causa da divisão do sujeito.

Diante da "falta do significante no campo do *Outro*", o *sujeito*, não podendo ter mais qualquer garantia da autenticidade da rede significante, encontra no objeto [*a*], o suporte com o qual tenta suprir essa carência do *Outro* e no *Outro*. Modifica-se, portanto, o estatuto do "objeto" no fantasma fundamental. Ele vai servir ao *sujeito* para recuperar em pequenas porções, como "aperitivo de gozo", aquilo que perdeu ao se separar do *grande Outro*.

Mais tarde, já tendo se referido à topologia da cadeia borromeana, vai dar outro destino ao objeto (*a*). Ele vem desempenhar uma nova função. Será em torno de um lugar denotado pelo objeto (a) que o enodamento do real, simbólico e imaginário se fará para constituir a estrutura borromeana.

Uma segunda conseqüência a se levar em conta é que essa idéia de uma *incompletude* na estrutura deixava de ser olhada, simplesmente, de forma descritiva e passava a ser tratada a partir de um ponto de vista lógico

[3] Lacan, J., *Remarque sur le rapport de Daniel Lagache*, Écrits, Seuil, Paris, 1966, p. 682.

ou mesmo das matemáticas. Para isso foi buscar na teoria dos conjuntos outra maneira de explicar essa "falta" que existe na ordem simbólica.

Freqüentou muitas vezes a lógica aproximando-se de Cantor, Frege, Russell, Gödel, entre outros. E, para dar consistência a essa "falta" no simbólico, partiu das idéias de Cantor sobre as noções de conjunto e classe.

Desde que se considere a definição de conjunto, como qualquer coleção de objetos, deve-se perguntar se é possível admitir conjuntos que contenham a si mesmo como elemento. O conjunto que consiste em todos os conjuntos, é ele próprio um conjunto? É um elemento do conjunto de todos os conjuntos?

Para sair desta questão colocada por Cantor, Lacan ocupou-se da antinomia da *teoria de classe*, particularmente, utilizando-se do "paradoxo de Russell". Embora apresentado de diferentes maneiras e mesmo através de algumas variantes, trata-se essencialmente de "certos conjuntos que parecem se incluir a eles mesmos".[4]

A maneira mais comum de apresentá-lo tem sido através dessa possibilidade de se considerar a existência de um "catálogo que contenha todos os catálogos". É possível existir esse "catálogo" que contenha todos os catálogos do mundo e que possa ele mesmo estar contido? A resposta veio através de Russell, com seu célebre "paradoxo".

Desde que um conjunto forme uma totalidade, ele "teria membros só definíveis em termos dessa totalidade". Essa condição, portanto, exclui a possibilidade de existir um conjunto total.[5] Isso quer dizer que esse catálogo, que pudesse incluir todos os catálogos do mundo e que ele mesmo pudesse estar incluído como elemento, não existe. Haverá sempre um catálogo a menos, um catálogo excluído.

Uma outro maneira de apresentar o "paradoxo de Russell" tem sido através de uma alegoria. Conta-se que um barbeiro colocou um cartaz na porta de sua barbearia com o seguinte enunciado: "só faço a barba daqueles que não se barbeiam a si mesmo". Neste caso, "quem faz a barba do barbei-

---

4 Gardiner, M., *La magie des paradoxes*, Bibliothèque pour la science, Paris, 1997.

5 Körner, S., *Uma introdução à Filosofia da Matemática*, Zahar Editores, Rio de Janeiro, 1985.

ro?" Assim, se ele se barbeia, passa a pertencer ao conjunto daqueles que se barbeiam. Porém seu cartaz diz que ele não barbeia ninguém que pertença a esse conjunto: "os que se barbeiam". Por conseguinte, o barbeiro não pode se barbear.

Todavia, se uma pessoa faz a barba do barbeiro, ele se torna alguém que não barbeia a ele mesmo. Seu cartaz diz que ele só barbeia as pessoas dessa categoria. Por conseguinte, ninguém pode barbeá-lo. O paradoxo, portanto, provém de que o barbeiro só se barbeia, se ele não se barbeia.

Lacan, no entanto, não se deteve nessa solução contemplada pelo "paradoxo de Russell", para tratar dessa "falta" que existe na estrutura simbólica. Foi mais adiante à procura do "teorema da incompletude" de Gödel.

Em seu segundo teorema, Gödel afirma que no interior de um sistema aritmético existe sempre

> *"pelo menos uma proposição que não pode ser demonstrada, baseando-se unicamente nos axiomas do sistema".*[6]

Assim, em qualquer sistema de axiomas "suficientemente complexo" deverá existir sempre uma proposição que não pode ser demonstrada se é verdadeira ou falsa, dentro do próprio sistema. Em qualquer sistema formal haverá pelo menos uma questão que pertence a este sistema que ele mesmo não poderá responder.

Dito ainda de uma outra maneira, num determinado sistema, de um ponto de vista lógico, não é possível deduzir proposições contraditórias a partir de um conjunto de axiomas, quando se segue corretamente as regras de derivação. Dado uma proposição [A], não poderá existir junto num mesmo sistema [A] e [não A]. Haverá, portanto, uma "incompletude essencial" no sistema, uma proposição a menos, uma *proposição indecidível* que faz parte do próprio sistema.[7]

---

[6] Gödel, K., *Obras Completas*, Alianza Editorial, Madrid, 1981.

[7] Essa falta na estrutura que é concebida a partir do axioma de Gödel vai servir à Lacan para desenvolver uma outra lógica, uma "lógica não toda", que passa a fazer parte de seu ensino a partir desse período.

Russell e Gödel, portanto, trabalhando por diferentes vias com a teoria dos conjuntos demonstraram que esse conjunto universal, que o "todo" não existe. Essa condição lógica veio proporcionar uma redefinição das relações entre as noções de "conjunto e classe" ou mesmo passava a estabelecer novas relações entre a parte e o todo.

Se isso serviu às ciências, Lacan não deixou por menos. Ele vai considerar que essa condição *universal* que se estabelece para um sistema formal bem organizado, haverá pelo menos uma questão que não será respondida pelo sistema. Esta condição que passou a ser tomada como um "axioma de incompletude" tornou-se dependente da presença de *ao menos um* elemento do sistema que o negasse, como uma exceção. Tornava-se mais um golpe no primado do simbólico, fundando e fundamentando em seu ensino as vias para a dimensão do real. Essa condição o capacitou a tratar de uma outra maneira as relações entre o significante e a própria noção de estrutura.

No seminário "*De um Outro ao outro*", Lacan tomou outros caminhos para avançar no sentido de formalizar a incompletude da estrutura simbólica. Não mais considerava como uma questão pertinente perguntar se a estrutura é completa ou se lhe falta algo.

Para seguir sua via em direção ao real, começou por enunciar em forma de axioma que "ao *Outro* não falta nada". Propôs com esse enunciado contemplar uma dimensão do real que existe no *Outro* e, como tal, acrescentou logo em seguida que "o *grande Outro* não é completo". Assim, pode-se inferir que essa idéia desenvolvida da completude de um sistema ou da estrutura só apontava para um estatuto imaginário.

Diante desses axiomas, a etapa seguinte foi tratar o *grande Outro* a partir de sua *consistência*. Ele o fez, utilizando-se mais uma vez de um outro axioma: "o *Outro* não é completo... existe um buraco em sua consistência". Desta maneira, não se precisava mais demonstrar essa condição da inconsistência do *Outro*. Ficava estabelecido sua incompletude.

Tornava-se um fato de estrutura e Lacan procurou tirar daí algumas conseqüências. Em primeiro lugar, esse "buraco" que existe no *grande Outro* e tem sua consistência no real, serviu-lhe para definir a própria noção do recalque primário. Uma operação que o sujeito não poderá desfazer, nem mesmo fazer algo para evitar.

Uma outra conseqüência que pôde tirar a partir da presença desse "buraco" do real que existe na estrutura foi considerá-lo como a condição necessária e essencial para que a ordem simbólica pudesse se realizar. Isso quer dizer que o simbólico só pode existir desde que se conceba a presença de um "buraco" na estrutura.

Lacan, para matemizar essa condição, embora tenha se utilizado da mesma escritura do *grafo do desejo* – S(Ⱥ) – "S de grande A barrado" e que chamou propriamente de estrutura, desse período em diante passou a tratá-la através de axiomas. Essa condição de um "buraco com a dimensão do real" que existe no *Outro*, levou-o a enunciar de uma forma emblemática a própria inexistência do *Outro*: "o *grande Outro* não existe".[8]

Esse desenvolvimento da estrutura alcançou também o *sujeito*. Desde o período que tratou dos objetos de superfície – o toro, a fita de Moebius, a garrafa de Klein, e o *cross-cap* – procurou redefinir com essa topologia de superfície a noção de *sujeito inconsciente*. Ele [o *sujeito*] passou a ser concebido como um "ser infinitamente plano" [expressão de Poincaré] que deslizava pela superfície do toro ou mesmo destes outros objetos.[9]

O *sujeito* passava a ser concebido como um "sujeito de superfície". Assim, era suficiente tratar-se de *uma* "superfície" para se falar da própria estrutura do sujeito e do próprio inconsciente.[10] Portanto, a partir dessa topologia dos objetos de superfície desfazia-se a intuição de se imaginar o inconsciente como uma estrutura que ocupava a "profundidade" da mente, da alma ou do cérebro.

---

8 Lacan, J., *Subversion du sujet et dialectique du désir*, Écrits, Seuil, Paris, 1966, p., 820.

9 Os objetos de superfície também foram utilizados por Lacan para fazer outras inferências de temas essenciais da psicanálise. Com o cross-cap tratou da estrutura do fantasma fundamental, utilizou-se da garrafa de Klein para falar da disjunção entre a verdade e o saber, com a fita de Moebius para revelar a estrutura significante e a própria constituição do sujeito. Por fim, com o toro procurou mostrar a relação que existe entre a demanda, o desejo e o objeto [a].

10 Lacan, J., sem. XII, *Problèmes cruciaux pour la psychanalyse*, aula de 13/03/63. Publicação interna da Association Lacanienne Internationale.

O inconsciente lacaniano é uma estrutura de superfície que se manifesta num tipo de espaço não-euclidiano e que se realiza entre um *sujeito* que fala e esse "outro lugar" para onde a fala se dirige. Dito de outra maneira, o inconsciente realiza-se num espaço construído entre uma boca que fala e um ouvido que escuta e que possibilita ao sujeito ler de outra forma, aquilo que escutou. Portanto, algo que será sempre realizado próprio *sujeito* e que passa a fazer parte da noção de interpretação.

No entanto ainda é preciso considerar que esse *sujeito* constituído como o produto de uma articulação significante[11] e que perde em sua constituição uma parte de si mesmo, fundamenta sua ex-sistência num estado permanente de "ereção". Isso quer dizer que o sujeito se mantém numa condição constante de desejo à procura desse objeto perdido, o objeto [*a*], guardando toda sua ex-sistência a esperança de que um dia possa recuperá-lo.

O *sujeito* busca com isso restaurar aquela condição imaginária anterior, de uma completude narcísea. Todavia, por uma condição descritiva e lógica, esse objeto perdido, por mais longe que o sujeito vá, jamais poderá recuperá-lo para desfazer sua "falta" constitutiva.

A partir daqui vou tratar de uma outra característica que se explicita na estrutura e que é amplamente trabalhada por Lacan. Trata-se da presença do "binarismo", que faz parte da ordem simbólica.

Na primeira parte de seu ensino, Lacan manteve uma convergência entre o *grande Outro* e o "sistema" saussureano. Nestas duas noções, os elementos comuns que os constitui, a cadeia de significantes ou aquela formada por signos, guardam entre si uma relação de oposição binária.

No entanto, se para Saussure, a "pura diferença" entre estes elementos é uma propriedade primária do "sistema", Lacan supõe essa propriedade da estrutura de uma outra maneira. A oposição que existe entre estes elementos [os significantes] não decorre de uma condição primária entre eles.

Lacan priorizou, de início, a existência desse conjunto identificado como *o grande Outro* e que vem contemplar a própria "realidade da lingua-

[11] Lacan, J. Sem. XVIII, *D'un discours qui ne serait pas du semblant*, aula de 13/01/7. Publicação interna da Association freudienne internationale.

gem". Uma estrutura que se desenvolve nas diferentes dimensões do tempo que afetam o sujeito. Aqui, essa dimensão do tempo é uma condição essencial para se estabelecer uma diferença entre a lingüística e a psicanálise.

Se para a lingüística importa uma relação linear do tempo que faz parte da cadeia de signos, para a psicanálise, o tempo não é único, é pluridimensional e está distribuído de uma maneira não-linear: um instante de ver, um tempo de compreender e um momento de concluir. Uma condição que traz também suas conseqüências não só na constituição do sujeito, como na própria prática clínica, com as sessões de tempo variado.

IV

A NOÇÃO DE ESTRUTURA E O PAR ORDENADO

Lacan, a partir de certo momento de seu ensino, passou a se utilizar da lógica para tratar do real. Esse fato determinou que o binarismo da ordem simbólica pudesse ser lido de uma maneira mais rigorosa para se definir o *sujeito* do inconsciente.

Em princípio poder-se-ia dizer que, de uma maneira descritiva, o *sujeito* se inaugura nessa divisão que se realiza entre o inconsciente e a consciência, sugerido pela metapsicologia de Freud. Todavia, não é disso que se trata.

É mais rigoroso afirmar-se que o *sujeito do inconsciente* [$] corresponde a um corte que se realiza entre estes dois significantes: o UM [S_1], que vem representá-lo e foi também designado por Lacan de "petrificador do sujeito", em oposição ao grande *Outro* barrado [Ⱥ] ou [S_2] que matemiza a própria estrutura da linguagem.

Mesmo tendo concebido o *sujeito* a partir dessa definição mais precisa, ele não se deteve aí. Foi buscar uma outra condição que pudesse dar conta do *sujeito*, agora a partir da teoria dos conjuntos. Ele o fez atribuindo uma importância à função do UM, que se afirmava através de mais uma expressão emblemática de seu ensino: "há o Um", ou melhor, "há do UM".

Embora exista uma forçagem na tradução que realizo para o português desse enunciado francês "*il y a d'l'UN*" por "há do UM", vou pedir uma tolerância para mantê-la. A partir daqui, o UM não vai corresponder a uma unidade imaginária de completude, nem mesmo a um UM contável da dimensão simbólica que se suporta no traço unário.

Trata-se de um UM que vem dar conta da dimensão do real e que se apresenta sob várias expressões: como "UM dizer", como um "UM-completamente-só", como um "UM-entre-outros", mas sobretudo vai equivaler ao UM do "enxame" (*l'essaim*") que vem superar o "entre dois" significantes da definição inicial do *sujeito*. Desta maneira, o sujeito passa a realizar-se numa posição "desajustada" entre o UM do sexo e o Saber que se constitui nesse lugar do "outro significante" [S_2].[1]

Assim, mesmo que [S_1] possa ser considerado como o primeiro significante da estrutura simbólica, esse "enxame", de um ponto de vista lógico, só ocupa este lugar a partir da presença inicial de um "outro lugar". Esse lugar com o qual [S_1] mantém uma relação de alteridade foi designado na primeira parte do ensino de Lacan de *grande Outro*. Logo em seguida de *grande Outro barrado* e denotado por [$\cancel{A}$] ou [S_2]. Portanto, no princípio da ex-sistência do sujeito está este *Outro* lugar.

Isso quer dizer que o significante UM só passa a ex-sistir depois que tiver sido expulso e excluído dessa "totalidade concebida" como a estrutura da linguagem. No exterior deste conjunto inicial, ele se mantém com funções bem definidas.

Em primeiro lugar, constitui-se como um elemento necessário para dar limites e consistência à própria noção da estrutura. Nesse lugar, serve também de suporte para a definição canônica e inicial do *sujeito* de ser "representado por um significante [S_1] para um outro significante [S_2].[2]

Em segundo lugar, sob qualquer forma que o significante UM [S_1] venha a ser produzido, não pode representar a ele mesmo, nem sequer pode ser definido por alguém. Por uma condição de estrutura, ele necessita sempre de um "outro significante" com o qual mantém uma relação de alteridade, constituindo essa condição mínima da ordem simbólica [$S_1 - S_2$].

---

1 O significante S_2 equivale a uma "redução" da cadeia de significantes e vem possibilitar que se possa inscrever esse matema em que [S_1] representa o sujeito para todos os outros significantes: $S_1 - S_2$ [S3, S4, ... Sn].

2 Lacan, J., Sem. II, *Le moi dans la théorie de Freud e dans la technique de la psychanalyse*, Seuil, 1978, p.261.

Uma terceira consideração a se fazer, é que o significante UM [S_1] só pode se ligar ao *sujeito* e passar a representá-lo, desde que algo tenha se produzido como uma perda na própria identidade do *sujeito*.

Esse *sujeito primitivo* é acolhido num envelope sonoro que se presentifica numa ex-sistência do Real e que o afeta antes mesmo de ter nascido. Essa estrutura linguageira ao atuar sobre esse suposto *sujeito primitivo* vem causar uma perda radical e irreversível em sua estrutura. Não se trata de uma perda que possa se expressar de uma maneira empírica, como uma falta disso ou daquilo, mas como "*uma falta de ser*", para que o *ser* exista. Trata-se de uma perda que se sustenta numa operação lógica e se realiza como algo que se destaca do próprio corpo que o sustenta.

Deve-se considerar, no entanto, que esta estrutura de linguagem que intervém sobre o organismo ou mesmo sobre este sujeito primitivo não corresponde a uma linguagem que sirva à comunicação. Trata-se de uma outra estrutura linguageira que Lacan veio designar de *lalíngua* ["*lalangue*"][3], uma estrutura não linear, mas que se constitui como um tecido, como um drapeado, onde as palavras se decompõem, se costuram, onde os significantes mudam de posição e formam outras palavras.

Essa intervenção de *lalíngua* vai desnaturalizar esse *sujeito primitivo* e transmudá-lo num *sujeito dividido*, num ser *de linguagem* e *de sexo*, num *ser irracional* que passa a habitar num *im-mundo* construído por palavras e frases. Dito de outra maneira, esse *sujeito da psicanálise*, matemizado por um *S maiúsculo barrado* ($\cancel{S}$), não corresponde a uma pessoa, a um indivíduo, ou a um homem como um ser vivo, com sua anatomia, sua fisiologia e bioquímica. Trata-se de um *ser mental* que não deve nem mesmo ser confundido com o sujeito gramatical, com o interlocutor ou com essa instância que é *Eu* [moi], com a qual mantém uma relação de alteridade radical.

---

[3] Lacan vai escrevê-la numa só palavra, a partir de um lapso com "Lalande", o do Dicionário de Filosofia, na "esperança de que possa fazer real". Para o brasileiro vou transliterar "lalangue" para *lalíngua*, evitando a equivocidade que a tradução de "alíngua" poderá produzir. [Lacan, J., Sem. *Le savoir du psychanalyste*, aula de 04/11/1971. Documento interno da Association freudienne internationale].

Isso que se perde e adquire para a psicanálise, como já me referi anteriormente, o estatuto de "objeto", passa a desempenhar várias funções. Vai corresponder ao objeto do desejo, ao objeto da pulsão, ao objeto causa do desejo ou ainda a um "objeto" que vem organizar um determinado campo de gozo que afeta o sujeito. Por fim, com a topologia borromeana, constitui-se como um lugar de enodamento dos três "buracos" do real, do simbólico e do imaginário.

Vou insistir um pouco mais sobre esse ponto, tomando um pequeno desvio. De início, tem sido fundamental, para se conceber a noção da estrutura simbólica e da definição do *sujeito*, que se leve em conta uma topologia do significante. Algo que foi desenvolvido por Lacan através da intervenção que realizou sobre o signo lingüístico.[4]

Na ocasião preservou, como um paradigma da ordem simbólica, a dissimetria que existe entre estes dois significantes que vêm formar essa condição mínima e necessária do binarismo, sugerido por Saussure, para formar uma cadeia sígnica [S_1 – S_2]. Todavia, Lacan acrescentou sua parte. Era preciso levar-se em conta essa noção de uma "perda" que pode realizar-se como uma privação, frustração e castração, no ato da própria constituição do *sujeito.*

Nestas condições, a relação [S_1 – S_2] passava a representar não só a ordem simbólica, como até mesmo veio dar suporte à idéia de um "saber absoluto", que se constituía numa promessa de Hegel. Em sua intervenção sobre a "*Subversão do sujeito e a Dialética do desejo*"[5] e ainda em diversos seminários, particularmente no XVI, "De um Outro ao outro", Lacan toma partido para mostrar o fracasso dessa noção hegeliana.

Deixou de tratar [S_1 – S_2] como uma relação que pudesse constituir-se numa "cadeia" de significantes, passando a considerá-la como uma "conexão". Uma ligação que vem realizar-se entre dois diferentes lugares, o do *sujeito* e o do "outro significante", sendo ocupados respectivamente pelos significantes [S_1] e [S_2].

---

4 Lacan, J., *L'Instance de la lettre dans l'inconscient ...*, Écrits, Seuil, Paris, 1966, pp. 493/528.

5 Lacan, J., *Subversion du sujet et dialectique du désir*, Écrits, Seuil, Paris, 1966, pp., 793/827

Considerou que a relação entre estes dois lugares deveria conter uma propriedade que existe na teoria dos conjuntos e que é identificada com a noção de "inclusão". Isso quer dizer que o primeiro elemento do conjunto passava a fazer parte do segundo elemento, tornando-se incluído nele.

Essa condição determina um tipo de interveniência do primeiro significante sobre o segundo, isto é, de [S_1] sobre [S_2]. Esse novo fato lógico e de estrutura viria também modificar a própria escritura entre estes dois elementos, que passava a ser considerada como uma "conexão" entre eles e matemizada por [$S_1 \rightarrow S_2$]. A seta entre estes dois elementos designa essa relação de interveniência e inclusão do primeiro elemento sobre o segundo.

Em sua forma mais ampla, a "conexão" [$S_1 \rightarrow S_2$] vem corresponder a esse tipo especial de Saber, o saber inconsciente, que presentifica uma "coexistência" de significantes onde o *sujeito* habita. Lacan vai insistir ainda sobre esta questão, fazendo uma forçagem onde vai equivaler essa "conexão mínima" [$S_1 \rightarrow S_2$] a um de seus termos [S_2], esse significante ao qual tem sido também atribuído o estatuto do *Saber*. Uma proposta que contém um paradoxo, pois o "todo" [$S_1 \rightarrow S_2$] torna-se equivalente a uma "parte do todo" [S_2]. Isto é, uma condição que se pode matemizar através da escritura $(S_1 \rightarrow S_2) \equiv (S_2)$.

Em seguida, Lacan ainda considerou que, antes da psicanálise, não se supunha que o *Saber* pudesse produzir algo. No entanto, a partir do discurso analítico, pode-se dizer que essa interveniência de S_1 sobre S_2 [$S_1 \rightarrow S_2$] passava a produzir algo que se constituía também numa *perda*. Isso que aparece no lugar da produção e que se perde foi identificado e nomeado por Lacan de objeto [*a*].

Se, em seu ensino, essa noção de "objeto" passa por diversas leituras, gostaria de me referir a essa condição onde o objeto [a] é concebido também como uma letra. Como tal, inscreve-se como um "*a*-objeto" ou mesmo como um "*a*-bjeto", que por definição vem corresponder a algo que faz *ob*-stáculo a uma "hemorragia" desse suposto gozo do *Outro*.

Além disso, como uma conseqüência dessa condição do objeto [*a*] constituir-se como perda e mais tarde como *produção* [quando da elaboração dos discursos], exclui-se a possibilidade de que se possa considerar uma inteira consistência do *Saber*[6]. Esta é uma outra maneira de se conceber a presença de uma "falta", ou melhor, de um "buraco" na estrutura simbólica.

Este desenvolvimento que foi sendo sugerido por Lacan veio produzir uma outra escritura que pode ser matemizada por [$S_1 \rightarrow S_2 \rightarrow a$]. Aqui, embora ela possa constituir-se numa intuição do espaço euclidiano e ser imaginada como uma superfície e de uma maneira linear, o que se deve considerar é que se trata de uma escritura que vem fundar uma topologia que vai procurar dar conta da própria noção do objeto (*a*).

Daqui em diante, para ordenar essa dissimetria que existe entre o significante do *sujeito* [S_1] e o "outro significante" [S_2], assim como a própria noção de estrutura, Lacan passa a se utilizar de um novo "instrumento". Se antes já havia se referido à função do significante e à topologia dos objetos de superfície, agora vai usar da teoria dos conjuntos.

Mais uma vez vou precisar tomar partido para seguir seu caminho. Assim, para tratar dessa questão nos termos com os quais ele trabalhou, vou considerar que a *noção de estrutura* deve ser considerada como um conjunto formado a partir de uma "coexistência" de significantes que se organiza em função destes dois lugares: o do *sujeito* e o do "outro significante".

Aqui, evocando-se uma outra noção, aquela que corresponde à *igualdade* dos conjuntos, pode-se considerar que se um conjunto é formado por dois elementos diferentes, a inversão de seus elementos não produz um novo par. Portanto, tomando-se os conjuntos {1, 2} ou {a, b} eles são iguais, ou melhor, equivalentes a {2, 1} ou {b, a}.

Mesmo assim, deve-se considerar que existem certas condições onde ainda que se tenha um "par" formado por elementos diferentes, para que se possa determinar essa diferença, será preciso que se estabeleça certa ordem. Isso pode ser observado, por exemplo, nas equações – (a + b = 3) e (a – b = 1). Aqui, a solução só será possível se a for igual a 2 e b for igual a 1.

[6] Lacan, J., Sem. XVI, *D'un Autre à L'autre,* aula de 04/06/1969. Documento interno da Association Freudienne.

Desta maneira a questão não é tão simples quanto parece, pois o mesmo conjunto é-e não é-a solução.

Foi para sair desse impasse que Lacan recorreu a um axioma conhecido como do "par ordenado".[7] Neste caso, se existe um conjunto C, cujos únicos elementos são a e b, sendo "a diferente de b", escrevendo-se {a, b}, eles formam um "par". Agora, quando se procura aplicar o axioma do "par ordenado", tem-se que convencionar uma determinada ordem; é necessário que se estabeleça uma lei que venha ordenar o conjunto.

Para isso, deve-se escrever um primeiro conjunto {a} que vai se relacionar não simplesmente com o outro conjunto {b}, como se poderia imaginar, mas com um outro conjunto formado pela relação do primeiro e do segundo elemento – {a, b} – que passa, ela mesma, a ser considerada um conjunto. Portanto, o "par ordenado" deve ser escrito como – {{a}, {a, b}}.

Essa escritura lógica, que está relacionada à teoria dos conjuntos, Lacan procurou aplicá-la à "conexão" [$S_1 \rightarrow S_2$], que também se constitui num conjunto formado por dois elementos diferentes. Todavia, antes de aplicar sobre essa conexão o axioma do "par ordenado", deve-se considerar uma questão inicial: como extrair o "significante do sujeito" [S_1] desse conjunto primeiro [$S_1 \rightarrow S_2$], desde que existe uma implicação lógica entre eles?

Lacan, mais uma vez, encaminhou suas respostas. Uma primeira, através da própria topologia do significante. Se por definição cada significante é, de um ponto de vista estrutural, diferente dos outros significantes, deverá existir pelo menos UM que ficará sempre "fora" desse conjunto primeiro. Isto é, haverá um significante excluído desse suposto "todo" inicial.

Como um corolário, para toda totalização que se possa conceber no campo da linguagem, de um ponto de vista lógico, haverá sempre um elemento que não lhe pertence. O "significante do sujeito" [S_1], portanto, realiza sua presença como esse "*ao menos um*" que é forçosamente excluído desse conjunto inicial [$S_1 \rightarrow S_2$].

---

7 Embora existam diferentes maneiras de apresentá-lo, Marc Darmon afirma que Lacan vai se utilizar daquela desenvolvida por Kuratowski.

Dito de outra forma, existe a suposição de um conjunto inicial e finito que, imaginariamente, poderia conter todos os elementos do sistema linguageiro. Em seguida, por uma condição descritiva, lógica e mesmo topológica, *um* elemento desse conjunto será, necessariamente, excluído. Esse elemento que será colocado para "fora", esse UM [S_1] passará a ocupar um lugar que faz oposição a todos os outros elementos do conjunto. Assim, esse conjunto agora designado por [S_2] terá um elemento a menos em sua estrutura, o elemento expulso.

Esse elemento que se encontra "fora" dessa totalidade concebível da linguagem pode ser considerado também como um "*Um a mais*" e passa a ser denotado por ["+1"]. Aqui, embora este elemento esteja excluído do conjunto, continua ligado a ele, ao suposto "todo", desempenhando uma função operatória para a própria totalização. Ele vai corresponder ao "significante UM" [S_1] que, só nessa posição de "ex-sistente", passa a se constituir e ser reconhecido como tal, como me referi anteriormente.

Esse suposto conjunto universal que passa a conter uma *falta*, a conter um lugar vazio que será denotado por ["-1"] e passa a corresponder também ao Falo, em sua dimensão simbólica, escrito com a letra phi maiúscula [Φ]. Essa *falta* de um significante vem assegurar a consistência lógica da estrutura e, como vamos ver mais adiante, da própria noção dos discursos.

Aqui, portanto, a *noção de estrutura* passa a exibir uma "diferença" radical, constituída entre esse UM [S_1], em oposição ao conjunto de significantes [S_2], de onde foi excluído numa referência à própria topologia do significante. Lacan, no entanto, também trata dessa dissimetria utilizando-se do "paradoxo de Russell", aludindo a esse conjunto de todos os conjuntos que não pode conter a si mesmo como elemento.

Trata-se de extrair do conjunto aquele significante que não se pode afirmar que ele se contém. Dito de outra forma, existe pelo menos um significante que estará forçosamente excluído do conjunto, transformando-o num conjunto em que falta um elemento. Foi essa estrutura linguageira que Lacan designou de grande Outro barrado [Ⱥ]. Portanto, em toda totalidade concebível existirá sempre, de um ponto de vista lógico, um significante extraído, existirá sempre um significante a menos.

Por fim, vou ainda considerar uma terceira via. Ela aparece sugerida no texto do *L'Étourdit*. Na ocasião, referindo-se à Cantor, Lacan afirma tratar-se daquele que isolou na lógica

> *"o incompleto do inconsistente, o indemonstrável do refutável, e... até de ter anexado o indecidível ao não conseguir excluir-se da demonstrabilidade"*,[8]

podendo realizar essa modalidade do impossível. Uma condição que se evidencia sob esse enunciado de que o objeto "não é isso" ("ce n'est pas ça") e que vem contemplar a *dimansão* do real.

Dito de outra maneira, esse enunciado veio também revelar essa condição de *exclusão* que aparece na escritura das fórmulas da sexuação, realizando a oposição entre estas duas condições de gozo: o "todo" e o "não-todo". De um ponto de vista descritivo, estrutural e lógico, estas duas condições vêm isolar e excluir um UM que toca no real. Trata-se de um UM que ex-siste como um elemento "fora" da rede simbólica e que faz limite à própria estrutura simbólica.

A partir destas considerações gerais, vou retornar ao axioma do "par ordenado" e tentar aplicá-lo sobre esse conjunto $[S_1 \rightarrow S_2]$. Para seguir os passos de Lacan, em primeiro lugar deve-se considerar a ex-sistência do "significante do sujeito" que, de agora em diante, vou denotar por [S]. Como já me referi acima, ele mantém uma relação de implicação com o "outro significante" $[S_2]$, que vou passar a denotá-lo, nesta oportunidade, por [A].[9]

Em segundo lugar, será em relação a esse conjunto $[S \rightarrow A]$, formado por dois elementos diferentes que vou aplicar o axioma do "par ordenado". Para escrevê-lo, como me referi acima, deve-se tomar um primeiro conjunto {S} e, em seguida, o segundo conjunto, que não será simplesmente {A}, mas a própria "conexão" $\{S \rightarrow A\}$. Assim, o "par ordenado" passa a ser escrito como $\{\{S\}, \{S \rightarrow A\}\}$.

---

8 Lacan, J., *L'Étourdit*, in Autres écrits, Seuil, Paris, 2001, p.,452.

9 Lacan, J., Sem. XVI, *D'un Autre à L'autre*, aula de 27/11/1968. Documento interno da Association Freudienne.

Isso quer dizer que o "significante do sujeito" [S] não só está incluído no "outro significante" [A], como passa a fazer parte dele. Lacan, todavia, ainda não se deteve aí e, a partir dessa escritura inicial, sugeriu que se poderia substituir o "outro significante" [A] pelo que ele passou a representar, isto é, a própria "conexão" [S→A].

Desta maneira, o "par ordenado" poderia ser apresentado através de uma escritura linear, S → (S → (S→ (S→ ... A))), onde esse "outro significante" pode ser continuamente substituído pela "conexão" que ele mesmo representa.

O "par ordenado" pode ter ainda uma outra apresentação, agora topológica, através de círculos que se incluem, numa condição equivalente ao plano projetivo ou à garrafa de Klein. Aqui, o que se encontra no interior círculo é também o que está fora dele, já que o interior envolve o exterior e o exterior encontra-se no interior. Isso quer dizer que "o círculo incluindo [A], é ele mesmo excluído de um novo círculo":

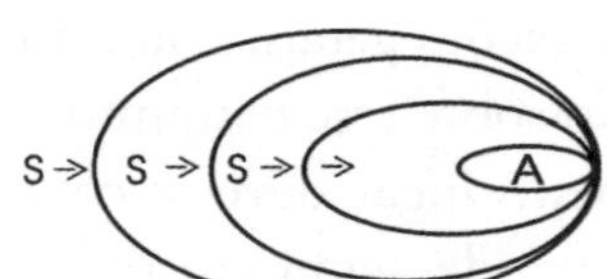

Nestas duas apresentações – deve-se considerar dois movimentos. O primeiro, que corresponde a um deslocamento contínuo ou mesmo a uma repetição do "significante do sujeito" [S], sem que possa jamais alcançar o Outro significante. Quanto ao segundo movimento, corresponde a essa condição em que, por mais que o significante do sujeito se repita, ele não pode deter o recuo de [A], o "outro significante". Aqui, não se trata simplesmente de algo que possa corresponder a qualquer redução ao infinito, mas de que existe uma impossibilidade lógica e topológica, por mais longe que se vá, de se alcançar esse lugar do "outro significante".

Essa "conjunção" [S→A], que é equivalente a [S_1→S_2], constitui-se num nó que funda o saber inconsciente como esse lugar onde o *sujeito* estará sempre escondido e sob a condição de uma impossibilidade de que ele possa ser apreendido. Uma condição que se deve levar em conta a partir deste recuo de [A] que funda o que se chama em topologia de um "buraco".[10]

A noção do "buraco" como uma função da topologia, como me referi anteriormente, já havia sido tratada por Lacan desde o seminário da "Identificação" quando, naquela ocasião, introduziu os "objetos topológicos de superfície". Ele tratou de demonstrar que a presença invariante e consistente dessa noção do "buraco" constituía-se numa condição necessária para a construção de qualquer um destes diferentes objetos: o toro, o *cross-cap*, a garrafa de Klein e a fita de Moebius.

Dito de outra forma, para se definir essa noção do "buraco", não se deve considerar a intuição ou a doxa. Nem mesmo considerá-lo como algo que corresponda a um "vazio" ou a um "furo" que se possa fazer numa superfície. É uma função essencial da topologia.

Assim, para se desenvolver essa noção do "buraco", a partir destes objetos de superfície, deve-se levar em conta a presença, em primeiro lugar, de uma *borda* que se inscreve

> *"numa geometria onde o espaço se reduz a uma combinatória" e que funda a própria topologia.*[11]

A *borda* adquire uma função de suporte para que os significantes ou as letras venham produzir o contorno, o limite e a própria consistência do que se denomina de "buraco".

Lacan considerou ainda que a repetição destes elementos linguageiros que vêm construir estes diferentes objetos topológicos o fazem, circunscrevendo esse lugar onde se localiza o objeto [*a*]. No entanto, de uma maneira paradoxal, deve-se também levar em conta que é a própria noção do "buraco... que faz vir ao mundo o efeito do significante".[12]

Dito de outra forma, mesmo que se considere o simbólico como a dimensão que faz "buraco" no real, é em função dessa presença do "buraco"

---

[10] Id., Ib.

[11] Lacan, J., *Position de l'inconscient ...*, Écrits, Seuil, Paris, 1966, pp. 838.

[12] Lacan, J., sem. IX, *L'Identification*, aulas de 23/05/62 e 07/03/62. Publicação interna da Associação freudiana internacional.

que o simbólico é gerado. É o "buraco", portanto, que prepara, que produz o campo do simbólico. Todavia, como me referi acima, o significante, por mais que se repita, não o alcança e nem o desfaz, pois o "buraco", como uma estrutura que tem uma consistência do real, contém essa modalidade do impossível.

Aqui, ao tratar da repetição, podemos afirmar que ela não corresponde a uma reprodução do idêntico, nem mesmo a uma realização no presente de um acontecimento do passado. Trata-se de um "ato" significante que vem fundar o *sujeito* e celebrar cada vez o fracasso de seu encontro com esse real que o causa e sempre faz rupturas em sua *hystória.*

Essa condição *hys-tórica* ["*hys*-torique"] do sujeito [neologismo introduzido por Lacan] alude de início à natureza tórica ["*torique*"] da própria estrutura; ou mesmo pela importância que o corpo adquire para a psicanálise, já que tem também uma natureza tórica sob a forma de um "trique" ["*t*(o)*rique*"]. Esse objeto topológico que resulta da operação de um corte transversal no toro, dando-lhe a forma de um bastão ou um cilindro.

A psicanálise não é uma prática curativa. Ela se constitui numa prática que funciona como um "desvio" e para que o *sujeito* possa *se fazer* com menos sofrimento, é necessário que se suponha uma consistência em que o inconsciente e o sujeito guardam uma posição de histérico ["*hy*stérique"]. Isso leva a considerá-lo, diz Lacan,

> *"que cada um sabe ser ele macho ou fêmea, o hystórico ["l'hystorique"] ... [eu a feminizo na ocasião]... . A hystórica, não tem em suma, para fazêla consitir senão o inconsciente. É a radicalmente outra [...] ela não é mesmo senãoenquanto outra... coloco meu peso do outro lado".*[13]

Estes elementos linguageiros, por sua vez, vêm inscrever a "necessidade repetitiva de onde decorre o que é logicamente o objeto [*a*]", constituindo o ato de uma enunciação que dá contornos à própria noção topológica do "buraco". No seminário "De um Outro ao outro", essa condição é

[13] Lacan, J., Sem. XXIV, *L'insu que sait de l'une-bévue s'aile à mourre,* aula de 14/12/1976. Versão não oficial.

enunciada de uma outra maneira, já que o objeto [*a*] tem essa propriedade de se repetir indefinidamente, tornando-se equivalente à noção do "buraco" que existe no *Outro.*[14]

Com esse recurso da topologia, Lacan procurou atribuir novas funções a essa noção do "buraco". Em primeiro lugar, utilizá-lo para escapar da intuição de ter a esfera, essa figura ideal do espaço euclidiano, colocada numa condição que pudesse comandar a idéia tradicional de representar o mundo do humano através dela. Uma esfera tem a propriedade de que, sendo submetida a uma determinada transformação topológica contínua, pudesse ficar reduzida a um ponto, fazendo desaparecer o "buraco".[15]

Em segundo lugar, Lacan passou a levar em conta que essa condição topológica do "buraco" poderia substituir essa "falta" que existe no *grande Outro.* Assim, o "buraco" tornava-se equivalente ao próprio recalque primário ("Urverdrängung") aonde o inconsciente viria fazer turbilhão. Aqui, não se trata simplesmente de equivaler o "buraco" à noção do recalque primário, pois isso *"... é puramente imaginário [...] o que faz buraco não é o recalque, é o que está em torno... o simbólico".*[16]

Ainda nesse mesmo seminário [XVI], Lacan vai transmudar o *grande Outro* [A] desse lugar impossível do real, colocando aí o próprio objeto [*a*]. Desta maneira, o *grande Outro* converte-se em *pequeno* [*a*], que passa a se constituir na própria noção de estrutura para a psicanálise.

Lacan vai poder utilizar das mesmas escrituras anteriores, a da conexão dos significantes e a dos círculos que se incluem, para matemizar a estrutura, onde o *grande Outro toma a forma de pequeno* [*a*]. Pode-se escrever ou S → (S → (S→ (S→ ... a))), ou ainda esta outra apresentação

[14] Lacan, J., Sem. XVI, *D'un Autre à L'autre,* aulas de 07/05 e 18/06/1969. Publicação interna da Association freudienne internationale.

[15] A esfera para contemplar esta propriedade de ser reduzida a um ponto, deve ser considerada como uma "esfera volume", pois se ele é tomada como uma superfície, como uma "esfera superfície" (S_2) ela deixa de contemplar essa propriedade de contractilidade que possa reduzi-la um ponto.

[16] Lacan, J., *Lettres de l'école freudienne,* n°21, Agosto de 1977, p. 473.

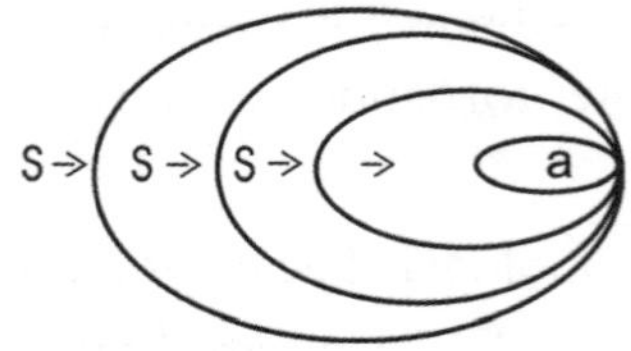

Portanto, de um ponto de vista topológico, a estrutura para a psicanálise passa a corresponder a um "buraco" que se inaugura nessa passagem do *grande Outro* que toma a forma de (*a*), "do grande Outro em-forma de pequeno [a]". Esse "buraco" que aparece no *grande Outro* é homeomorfo ao pequeno (*a*). Essa condição não só denota a presença de uma "falha" que existe no *Saber*, como vem garantir essa condição de que o "lugar da Verdade", como veremos adiante, constitui-se sempre esburacado.[17]

Dito de outra maneira, ao desenvolver essa noção do *objeto* (*a*), como letra, como obstáculo, mas, sobretudo como este "*em-forma*" de um buraco em que o *grande Outro* se transforma, a estrutura para a psicanálise toma uma consistência do real. Um fato que passa a produzir efeitos em sua prática e na teoria.

Em primeiro lugar, o *sujeito* até então definido através desse enunciado canônico que se constituiu num paradigma do ensino lacaniano, de ser "representado por um significante *para* outro significante"[18], necessitava de uma redefinição ou mesmo de ser relocado. Desta maneira, ele deixava de fazer parte de uma "cadeia" de significantes e passava a habitar numa "casa" construída como uma rede, como uma malha de significantes.

Por isso mesmo deve-se reconsiderar esse enunciado de "um significante *para* outro significante". A partir daqui, portanto, o sujeito passa a ser "representado por um significante *junto* a outros significantes", ou mesmo, que seja "representado por um significante com outros significantes" ou ainda "entre-outros significantes".

---

[17] Lacan, J., Sem. XVI, *D'un Autre à L'autre*, aula de 27/11/1968. Publicação interna da Association freudienne internationale.

[18] Coloco de uma maneira intencional a preposição *para* em itálico para mostrar a referência lingüística que este enunciado contém.

Desde que esse "buraco" toma o nome e a forma de pequeno [*a*], inscreve-se essa condição que insiste e vem representar o *sujeito* sob essa necessidade de uma "repetição infinita", em que o próprio *sujeito* do inconsciente fica excluído.[19] Por isso mesmo, o *sujeito* passa a ser concebido nesse lugar do "buraco", aparecendo no real sob uma condição equivalente ao próprio objeto (*a*). O sujeito vem se constituir como uma resposta do real.

Vou insistir um pouco mais sobre esta questão. Esse "buraco" que existe no *Saber*, ao se tornar equivalente à própria noção de estrutura, vem organizar a "geometria secreta" desse im-mundo *aesférico* onde o *sujeito* habita. Neste lugar não se sabe nada do que o *sujeito* é, nem mesmo o que ele contém, pois trata-se de um "sujeito matemático" e, como tal, inacessível ao próprio significante.

Aqui, a partir destas considerações anteriores onde a estrutura passa a ser concebida por esta conexão mínima [S→ (*a*)] e que tem uma consistência do real, outras inferências poderão ainda ser feitas. A primeira delas diz respeito a essa condição de interveniência do "significante do sujeito" sobre esse lugar denotado por (*a*), que passa a se constituir na causa que alimenta a própria produção da malha simbólica. Dito de outra maneira, o "significante do sujeito" fica indexado ao objeto (*a*).

Em segundo lugar, para desenvolver essa noção de *estrutura* a partir dessa transformação do "*grande Outro* em-forma de pequeno *a*", com seus efeitos na prática e na teoria da psicanálise, vou tomar um desvio.

Desde que Lacan inventou, ou melhor, desenvolveu a noção do objeto (*a*), procurou agregar-lhe diversas funções, como já me referi acima. Aqui, gostaria de chamar atenção para uma delas. A importância que teve nesse movimento de passagem que vai da estrutura simbólica para sua dimensão real.

De início, para se levar em conta a estrutura em sua dimensão simbólica, já temos visto em diversas ocasiões que se deve ter presente o *grande Outro* e esse significante, o *Falo*, denotado por phi maiúsculo [Φ].

---

[19] Idem, aula de 04/12/1968.

Durante certo período de seu ensino, Lacan atribuiu ao Falo o estatuto de um significante que vinha ocupar o lugar onde faltava um significante na estrutura. Uma condição que sugeriu a idéia dessa duplicação do *Outro* e, como me referi anteriormente, foi também matemizada por S(Ⱥ).[20]

À medida que foi fundamentando essa noção do objeto [*a*], a função do *Falo* foi também sofrendo, progressivamente, modificações. Isso quer dizer que seu estatuto simbólico foi sendo deslocado dessa função pivô que vinha atribuir valor "fálico" aos objetos parciais, para ir tornando-se equivalente ao próprio objeto (*a*).

Como tem sido elaborado no ensino de Lacan, essa noção de "objeto" desenvolveu-se em torno das idéias de Freud, Abraham, Melanie Klein e mesmo Winnicott. Num primeiro momento, o "objeto" tinha o estatuto de uma dimensão imaginária que participava da constituição do eu ("moi"); posteriormente, do "Je"; ou mesmo correspondendo a esse "objeto" que em certas ocasiões o sujeito deveria realizar um *trabalho de luto.*

Lacan o considerou também como aquele "objeto" que poderia funcionar como "moeda" de troca entre o sujeito e o outro semelhante. Desta maneira, passava a fazer parte de uma dimensão simbólica, inscrevendo-se na lista dos objetos da pulsão, no sentido atribuído por Freud e que Lacan: o seio, as fezes, o olhar, a voz, o nada.[21]

Em seguida, identificado ao "objeto parcial" na concepção de Abraham, ou ainda como "o objeto bom e objeto mau" no sentido desenvolvido por Melanie Klein. Por fim, até mesmo com o estatuto de "objeto transicional" de Winnicott, como é concebido no seminário IV, "*A relação de objeto...*".

Até aí, o *Falo* constituía-se no significante que vinha dar significação e atribuir valor a estes objetos mais primitivos, separáveis e possíveis de se perder do *sujeito.* Estes objetos "parciais" participavam na "composição imagi-

---

[20] Lacan, J., Sem. VIII, *Le transfer dans sa disparité subjective , sa prétendue situation, ses excursions techniques,* aula de 12/04/1961. Versão Stécriture, 1985.

[21] Freud, S., *Luto e Melancolia / As transformações do instinto exemplificadas no erotismo anal,* Standard Brasileira, vols. XIV e XVII, Imago.

nária do psiquismo humano" sob a condição de objetos *emergentes*,[22] afirmava Lacan. Todavia, já no seminário da "*Transferência...*", ele vai dizer que

> *"no coração da função do pequeno a, que permite agrupar os diferentes modos de objetos possíveis que intervêm no fantasma, há o Falo. É o objeto... que permite situar sua série, o ponto de origem para trás e para frente".*[23]

Um tempo depois, durante o seminário da "*Angústia*"[24], ele tratará com mais detalhes dessa passagem. Mais uma vez farei uma escolha para mostrar essa transmudação do *Falo* [Φ] de sua função significante para aquela de objeto (*a*). Nessa ocasião, diz Lacan,

> *"a subjetividade é focalizada sobre a queda do falo [...] que é mais significativo no vivido humano por sua queda, por sua possibilidade de ser objeto caído que por sua presença...".*[25]

Um enunciado, portanto, que coloca o *Falo* numa posição equivalente à própria definição do objeto (*a*).

Acrescenta, ainda, nesse mesmo seminário,

> *"que (a) termina por tomar uma espécie de função de metáfora do sujeito do gozo. Isso só seria justo na medida em que (a) fosse assimilável a um significante; mas é justamente, é o que resiste a essa assimilação à função do significante.*

E logo em seguida afirma que

> *"no centro da experiência do desejo, há aquilo que resta quando o desejo é satisfeito, o que resta [...] que se manifesta dessa função de resto ... é o falo no estado murcho [...] No nível de a, é porque o falo, enquanto ele é, [...] apresenta-se em posição de a com o sinal menos".*[26]

---

[22] Lacan, J., Sem. VIII, *Le transfert dans sa disparité subjective* et *sa prétendue situation, ses excursions techniques*, aula de 21/06/1961. Versão stécriture, 1985.

[23] Lacan, J., Sem. VIII, *Le transfert dans sa disparité subjective , sa prétendue situation, ses excursions techniques*, aula de 21/06/1961. Versão Stécriture, 1985. (A tradução e os destaques ficam por minha conta).

[24] De uma maneira geral as referências que vou utilizar correspondem à tradução do seminário realizado pelo Centro de Estudos Freudianos do Recife (1997), uma publicação de circulação interna. Algumas diferenças que possam ocorrer, assim como os destaques, são de minha responsabilidade.

[25] Id., Ib., aula de 6/03/62.

[26] Id., Ib., aula de 13/03/62.

Aqui, o *Falo* [Φ] vai perdendo essa condição que dava brilho aos objetos e sustentava o desejo do *Outro* para transformar-se num objeto "que cai do sujeito" e aparece "murcho como um talo de chuchu" ["la tige d'un chou"]. Lacan abandona, portanto, o "falicismo do objeto, já que o objeto [*a*] passa sobre o *Falo*".

Achei necessário inserir esse comentário mais extenso de Lacan para ir sinalizando esse deslizamento que a noção do *Falo* simbólico [Φ] sofreu, para sua condição "negativizada", quando adquire o estatuto de um objeto imaginário que se escreve como [-φ]. Assim, o *Falo* é colocado numa posição intermediária, como um "ponto de origem para trás e para frente" na série dos objetos da pulsão.

Nessa condição "negativizada", como [-φ], fica numa posição entre os objetos de Freud – o seio e as fezes – e os de Lacan – o olhar e a voz, que nessa oportunidade é identificado ao próprio *supereu*.[27] Fazendo parte dos objetos da pulsão, o *Falo* torna-se equivalente ao próprio objeto (*a*), com uma *dimansão* real e sob a condição de causa do desejo.[28]

Nessa posição só intervém como um lugar vazio. Por isso mesmo, sob qualquer forma que se manifeste, o objeto (*a*) tem como função central representar uma falta, uma falha ("default") do *Falo* que vem revelar essa disjunção que liga o desejo ao gozo[29] e torna-se capaz de elaborar uma "clínica" centrada no objeto.

Esse desenvolvimento realizado por Lacan sugere uma terceira escritura: $S_1 \rightarrow @ \rightarrow S_2$.[30] Aqui, a ex-sistência do significante UM [S_1], numa posição de interveniência sobre esse "buraco" denotado por (*a*), passa a alimentar e produzir a própria rede de significantes [S_2].

Pela equivalência que se constrói entre o *sujeito* e o objeto (*a*), ele [o sujeito] passa a constituir-se como uma resposta do "outro real" da lingua-

---

27 Lacan, J., Sem. X, *L'Angoisse*, aula de 19/06/1963. Documento interno da Association Freudienne.

28 Allouch, J., *Trois préliminaires au non rapport sexuel*, L'Unebévue, n. 18, Outubro, 2001.

29 Id., Ib.

30 Coloquei o S_1 e o S_2 nessa escritura para guardar uma semelhança com as anteriores, embora ela possa também ser escrita como ($S \rightarrow ... @ \rightarrow S_2$).

gem pelo efeito interveniente do significante UM. Trata-se de uma condição lógica a partir da qual se pode inferir que se "há do Um", não existe mais o *Outro*. Esse lugar do UM, portanto,

> *"passa a dialogar sozinho, pois ele recebe sua própria mensagem sob uma forma invertida... é ele que sabe".*[31]

Como tal, esse enunciado reafirma essa noção de sujeito concebido como um axioma.

Quero ainda me referir a essa outra intervenção feita por Lacan, quando vem afirmar essa passagem do *Falo* simbólico para o objeto (*a*). Em agosto de 1977, numa das jornadas da "École", ele enuncia que de fato a angústia tem muito a ver com a função fálica, mas só o faz sob essa condição de "que um *objeto* (*a*) pode estar aí implicado".[32]

Após estes comentários que me pareceram pertinentes, gostaria de retomar a questão da *estrutura* que passa a se constituir "*em-forma de a*" e com a *dimansão* do real. Um fato ou um ato realizado pelo discurso analítico que produz conseqüências.

Uma primeira a se considerar é que o *sujeito* passa a ser concebido numa condição diferente daquela do sujeito cartesiano e que esteve sempre implicado ao desejo. Desde que o objeto (*a*) traz a garantia de fundar essa alteridade radical no lugar do "outro significante", de um ponto de vista lógico e estrutural, modifica-se o perfil e a posição do *sujeito*. Ele deixa de se constituir como causa dele mesmo[33] e passa a ser engendrado por uma perda imposta pela própria Lei da linguagem.

Ele não mais está incluído no campo do *Outro* e sendo "representado por um significante [S_1] *para* um outro significante" [S_2]. Pode-se deduzir que se o "significante do sujeito" [S] ou [S_1] responde a essa condição de não ser elemento desse "outro" conjunto [S_2] e guarda essa posição de in-

---

[31] Lacan, J., Sem. XXIV, *L'insu que sait de l'une-bévue s'aile à mourre*, aula de 10/05/77. Publicação interna da Association Lacanienne Internationale.

[32] Lacan, J., *Journées sur les Mathèmes de la Psychanalyse*, Lettres de l'école freudienne, n. 25, agosto de 1977, p. 89.

[33] Aqui o sujeito vai se constituir a partir de uma operação diferente daquela que desenvolvi no capítulo II sob as noções de *alienação* e *separação*.

terveniência sobre (*a*), o *sujeito* deixa de ser uma referência simplesmente simbólica para constituir-se como uma resposta do real, como me referi acima.

Essa operação funda o *sujeito*, identificando-o ao objeto (*a*), que passa a se constituir num suporte do próprio "ser" do *sujeito*. Esse fato de estrutura o desloca dessa condição de se manter ligado ao desejo, para constituí-lo num lugar de gozo. Talvez se possa dizer que neste lugar ele se significa exterior ao próprio "universo" do discurso.[34]

É interessante observar que já nos Escritos, Lacan encaminhava uma questão sobre a natureza desta relação entre o *sujeito* e o gozo. Em sua intervenção conhecida como a "*Subversão do sujeito...* " ele afirmava que o *sujeito* ao formular a pergunta, "que sou eu (Je)?", só encontraria um tipo de

> "resposta precária [...] um lugar... que faz desfalecer o próprio Ser. Chama-se o Gozo, e é ele cuja falta ("défaut") tornaria vão o universo".[35]

Aí, nesse lugar de gozo cuja falta ("manque") torna o *grande Outro* inconsistente, aparece o próprio significante do sujeito como S(A̸).

Isso quer dizer que o *sujeito* é condenado a não saber o que ele é no estatuto do inconsciente, já que não pode se encontrar em seu ponto de origem ["-1"]. Excluído do campo simbólico, ele só se realiza nesse "buraco" onde seu ser fica preso na linguagem, um "buraco" que adquire a condição de causa material de sua própria ex-sistência. [36]

De um ponto de vista descritivo e lógico, esse "significante inarticulável" [S(A̸)] já pode ser identificado a essa estrutura indefinidamente repetitiva que vem, mais tarde, designar o objeto (*a*). Trata-se de algo, portanto, que corresponde à própria definição do real, essa dimensão que passa a constituir-se num operador que está *além* ou *aquém* do que o *sujeito* é, num tipo de espaço onde certa função atua de uma forma radical para a experiência analítica.[37]

---

[34] Coloco o significante "universo" entre aspas, pelo caráter imaginário de se pensar a possibilidade de um discurso que possa ter uma universalidade.

[35] Lacan, J., *Subversion du sujet et dialectique du désir ...*, Écrits, Seuil, Paris, 1966, pp. 819/20.

[36] Lacan, J., Sem. XVII, *La Psychanalyse à l'Envers*, aula de 20/05/1970. Versão não oficial.

[37] Sibony, D., *Le groupe inconsciente*, Christian Bourgois Éditeur, Paris, 1980.

Essa noção da "falta" na estrutura ou o que seria mais adequado se falar, da estrutura como um "buraco... *em-forma de a*" e que tem uma dimensão do real vem constituir o campo da linguagem

> *"tecnicamente... não consistente [e dando] à enunciação ... a forma de uma demanda"*[38].

Neste caso, a estrutura vem corresponder a uma condição do real que adquire o estatuto de uma demanda incondicional para o *sujeito*.

Dito de outra maneira, o *sujeito* mantém desde cedo com o "outro real" da linguagem uma relação que se configura nos termos de uma demanda. Algo que estruturalmente o aliena à ordem simbólica, instituindo um caráter ilusório à suas realidades e determinando a prudência que terá que manter em seus encontros com o objeto. Relações que não poderão ser feitas de uma maneira direta, mas sempre intermediadas pela própria linguagem.

Lacan, considerando essa demanda inicial como uma condição de estrutura da linguagem, procurou mais uma vez diferenciar o simbólico do real. Ele o fez, levando em conta a disjunção que existe entre os *ditos*, que aparecem na fala do analisante e têm relação com o simbólico, em oposição ao *Dizer*, que está do lado do analista e que é da dimensão do real. Algo que se especifica por ter seu estatuto lógico "da ordem do modal [...] que envolve o conjunto dos ditos".[39]

Para finalizar esse capítulo quero acrescentar ainda que Lacan no "Encore" [Sem. XX] vai tomar uma posição sobre essa condição do real como uma consistência capaz de causar uma *produção* de gozo que afeta o *sujeito*, relacionando-o particularmente à escritura, à letra e, sobretudo com o real do corpo.

A importância desta questão está relacionada com uma outra ruptura em seu ensino, à medida que procurou situar a *função da escritura* na psicanálise.[40] Ele o fez, de início, situando algumas letras que passaram a fazer

---

[38] Lacan, J., Sem. XVI, D'un Autre à L'autre, aula de 11/12/1968. Publicação interna da Association freudienne internationale.

[39] Lacan, J., *L'Étourdit*, Scilicet, Seuil, Paris, 1973, p., 30.

[40] Lacan, J., Sem. XX, *Encore*, aulas de 09 e 16 de janeiro de 73. Versão não oficial.

parte de sua "álgebra": [A] que "instituía um determinado lugar habitado por significantes" e que mais tarde foi duplicado por [S(A̸)], que veio matemizar essa condição de um *Outro* que nem mesmo existe.

Referiu-se ainda ao pequeno (*a*) que vem denotar a própria noção de estrutura ou a *phi* maiúscula [Φ] que denota esse lugar onde falta um significante e que mantém também relações "familiares" com a castração simbólica e com o Ideal do Eu; ou mesmo a *phi* minúsculo que aparece negativizada [-φ], aludindo à castração imaginária.

Coloquei acima, de uma maneira intencional, essa dupla condição do *grande Outro*, pois é em torno desta questão que Lacan faz uma crítica a "seu público" e a si mesmo, do que havia falado até então e que ninguém percebeu seu engano. Ele considerou um equívoco tratar-se da *função da letra* como algo que vem constituir conjuntos.

Para corrigir sua posição, que tomou como um erro, retornou a uma idéia que nasce com a teoria dos conjuntos e com Bourbaki. Considerou um uso abusivo de que se pudesse tomar uma quantidade de objetos heteróclitos, "objetos do pensamento ou objetos do mundo", que não guardavam qualquer relação implícita entre eles e que pudessem ser designados por uma letra.

Comenta, em seguida,

> *"a letra é a única coisa que faz ajuntamentos ["assemblages"].*
> *A letra, as letras são, e não designam estes ajuntamentos [...] elas são tomadas como funcionando como estes ajuntamentos mesmos [e] estes ajuntamentos são como letras".*[41]

O que é preciso notar nessa ocasião é que sem desconsiderar Bourbaki, Lacan afasta-se dele e de seu interesse pela teoria dos conjuntos.

Desse momento em diante, seu olhar volta-se na direção de Joyce que, jogando com as letras, aperfeiçoa a linguagem. Se já no seminário *Encore*, faz um misto de apelo e injunção "leiam Finnegans Wake", dois anos depois dedica um seminário [XXIII] para o criador de Ulisses – O Sinthoma [*Le Sinthome*].

[41] Id., Ib., aula de 16/01/1973.

O interesse que Lacan passa a ter pela função da escritura e da letra, na psicanálise, adquire um valor diferente daquele da teoria dos conjuntos. Ele afirma que "se os lugares ... têm uma função na teoria dos conjuntos [...] não é seguro que a teoria dos conjuntos explique qualquer coisa da psicanálise. Não há conjunto do simbólico, do imaginário, do real. Existe algo que é fundado sobre uma heterogeneidade radical [...] e graças à existência deste utensílio que é o homem, realiza-se o que se chama um nó, e que não é um nó, mas uma cadeia".[42]

O que vai chamar sua atenção é o próprio efeito da operação da letra que dá apoio e suporte à operação do significante, "recheando" o significado. Lacan fala desta condição em que os significantes copulam no inconsciente, penetram no significado, se engavetam, se embutem e mesmo que possa parecer enigmático, é o que está mais próximo do discurso analítico.

Aqui, mesmo com a importância atribuída à letra, não se trata, no entanto, de tomar o texto do analisante ao "pé da letra", mas de se seguir o curso da letra, sua errância; de poder fazer uma "infinidade de leituras", de poder ler de diferentes maneiras, de ler diferente do que ele significa.

Por fim, é a partir dessa "coalescência" da *estrutura* com o objeto (*a*) e o espaço topológico onde ela se inscreve que Lacan pode produzir os *quatro discurso radicais* e mais o *discurso do capitalista.*

[42] Lacan, J., *Journées sur les Mathèmes de la Psychanalyse,* Lettres de l'école freudienne, n. 25, agosto de 1977, p. 474.

V

Alguns antecedentes da noção de discurso

O ensino de Lacan esteve muitas vezes relacionado a certos eventos que o atropelaram em seu percurso, deixando cicatrizes. O seminário "A psicanálise pelo avesso" [Sem. XVII], que trata da *noção dos discursos*, mostra suas marcas.

Já no ano anterior, em 18 de junho de 1969, na penúltima aula do seminário XVI, "De um Outro ao outro",[1] ele anunciou que não mais iria continuar desenvolvendo seu ensino na Escola Normal Superior, para onde havia se transferido em 1964. Esse seminário não só colocou problemas quanto a seu título, como o afastou da lógica clássica e, praticamente, encerrou o período que se utilizou dos objetos topológicos de superfície.

Em relação ao título, ele tem sido algumas vezes apresentado no conjunto de sua obra como "*De um outro ao Outro*" ("*D'un autre à l'Autre*"). É uma maneira incorreta de nomeá-lo, pois o próprio Lacan afirmou que, esse "... ao outro" [... à L'autre] deve ser escrito com letra minúscula e precedido de "seu grande L,... seu L de notoriedade". [2] Esse pequeno *outro*

---

[1] Lacan, J., Sem. XVI, *D'un Autre à L'autre*, aula de 18/06/1969. Documento interno da Association Freudienne Internationale.

[2] Id., Ib., aula de 11/06/1969.

["autre"] adquire essa condição de notoriedade por se revelar na estrutura do significante como algo que passa a ser designado de objeto (*a*).[3]

Uma semana depois, já em sua última aula [25/06/1969], ele tornou pública uma carta que lhe havia sido enviada pela direção da Escola Normal Superior, em 19/03, desautorizando-o a continuar ensinando entre seus muros no ano seguinte. A carta continha a informação de que em virtude das críticas que o movimento de Maio havia feito às instituições, sobretudo à instituição universitária, o ensino da "casa" deveria passar por uma reformulação.

A administração da Escola Normal Superior utilizou-se deste argumento para retirá-lo de suas dependências, acusando-o de promover um ensino "não universitário". Aproveitando-se desse acontecimento, que vou nomear de "natureza institucional", Lacan não perdeu a vez, nem a voz. Deu uma resposta incisiva.

Se a ENS referia-se *a um tipo de ensino universitário*, estava também afirmando que deveriam existir outros tipos de ensino, diferentes do universitário. Assim, existiria pelo menos um outro ensino que deveria ser "não universitário". Com isso, pôde perceber "que aquilo que dizia era um ensinamento".[4] O que vinha fazendo, mesmo aos olhos da ENS, poderia ser considerado também como um ensino, ainda que não seguisse a cartilha dos "príncipes" da casa.

A discordância, portanto, entre o ensino que era realizado nas Universidades e o seu, levou-o a considerar que se a psicanálise não poderia ser enunciada ali como um saber e ensinada como tal, ele não teria o que fazer naquele lugar. Desta maneira, ao se afastar da ENS, afirmou seu ensino como "anti-universitário".

Dois outros "acontecimentos" podem ainda ser evocados, fazendo parte dessa sobredeterminação para a produção dos *discursos*. Um deles vou chamá-lo de "natureza política". Refiro-me ao movimento de Maio de

3 A escritura "*D'un Autre à L'autre*" contempla essa passagem que a noção de estrutura sofre em seu ensino, passando de uma dimensão simbólica para uma dimensão do real.

4 Lacan, J., Sem. XVII, *La Psychanalyse à l'Envers*, aula de 26/11/1966. Versão não oficial.

68, que varreu toda Europa e particularmente a França. Um movimento que se constituiu numa luta em defesa dos direitos à subjetividade e que ainda trazia como objetivo propiciar um hedonismo na cultura.

Equivalente à sua própria estruturação, a "revolução de Maio de 68", como também ficou conhecida, buscava desenvolver uma não territorialidade e até mesmo uma falta de propriedade na aquisição do saber. Não deveria existir um caminho único, para alcançá-lo. Lacan, embora tenha se referido em várias oportunidades a "Maio de 68", o considerava como tendo uma repercussão muito mais ampla sobre as instituições em geral que, em particular, na psicanálise.

Ao que parece, não chegou a tomá-lo como um conflito social que tivesse servido para promover alguma transformação na instituição psicanalítica. Em vários momentos, insistiu para que não se relacionasse a crítica aguda que as instituições sofreram, nesse período de "Maio de 68", com o que resultou na produção dos discursos. Por isso mesmo, logo na primeira aula do seminário XVII, "A psicanálise pelo avesso", afirma: "... não creiam que esse título deva algo... à atualidade que se julgaria capaz de colocar certo número de lugares e fórmulas pelo avesso".

Aqui, quero fazer um pequeno desvio para comentar sobre esse significante "avesso". Embora apareça com destaque no seminário XVII, já que faz parte de seu título, não foi a primeira vez que Lacan se utilizou dele em seu ensino. Tomou-o em outra ocasião, como um artifício para promover uma leitura de Freud. Afirmava que era necessário se fazer uma "retomada do projeto freudiano pelo avesso"; que se pudesse tomá-lo num percurso equivalente a uma fita de Moebius e construir um novo discurso que viesse servir para "estruturar o mundo real".[5]

O outro "acontecimento" que fez parte dessa conjuntura para a produção dos *discursos* vou considerá-lo como de uma "natureza epistemológica". Refiro-me à conferência realizada por Michel Foucault, na Sociedade Francesa de Filosofia, em 22/02/69, intitulada "Que é um autor?".[6]

---

[5] Lacan, J., *De nos antécédents*, Écrits, Seuil, Paris, 1966, p. 68.

[6] Foucault, M., Qu'est-ce qu'un auteur?, Revue de psychanalyse Littoral, n. 9, édition erès, junho 1983, pp. 3/32.

Para dar corpo a sua intervenção, Foucault toma emprestado, logo no início de sua apresentação, uma formulação do dramaturgo irlandês Samuel Beckett. Para que se possa considerar um *autor* "pouco importa quem fala".

A partir dessa idéia inicial, ele procurou estabelecer a estrutura geral de sua intervenção. Ele o fez através do desenvolvimento da "história" desse conceito – *autor* – buscando regras que pudessem determinar as condições de funcionamento de certas unidades discursivas e que servissem como um ponto de ancoragem que viesse consolidar a *noção de discurso*. Na ocasião, vinculou a *noção de discurso* com a idéia de "escritura".

Em sua intervenção, essa noção de "escritura" não corresponde simplesmente a uma ação que se manifesta no gesto de escrever, nem em qualquer expressão de uma "interioridade" do sujeito que esteja relacionada à linguagem. O que Foucault sugere é que a "escritura" constitui-se num jogo de signos que se organiza em função da própria natureza dos elementos que a constitui. Algo que se desenvolve numa "exterioridade" capaz de abrir um espaço onde "o escrevente não pára de desaparecer".[7]

Esse desaparecimento repetitivo do "escrevente" levou-o a estabelecer um parentesco entre a noção de escritura, a estrutura discursiva e a própria idéia da morte. Uma relação que não chegou a causar surpresa a seus ouvintes, pois sua análise arqueológica esteve sempre acompanhada pela idéia da morte e da loucura.

É preciso considerar, no entanto, que essa idéia da morte não corresponde, necessariamente, a um apagamento da vida, a uma interrupção do ciclo da vida do *autor*, nem mesmo do homem, mas de algo que está implicado à própria "escritura". O que Foucault sugere é que o ato de escrever está relacionado a certo sacrifício da vida, isto é, a uma condição que serve para perpetuar a imortalidade, como acontece no mito dos heróis [Lacan toma essa função da morte como algo instalado na própria ex-sistência do sujeito].

---

[7] Id., Ib., p. 7.

Ali, para dar uma consistência a essa noção de "escritura", ele passa a interrogar ao mesmo tempo o "que é uma *obra*?" e o "que é um *autor*?". Quanto à obra, não chega a formular, de início, uma resposta direta. O faz de uma maneira enviesada, afirmando que não se deve simplesmente considerá-la como aquilo que tenha sido escrito por alguém, mas como algo que deve ser analisado *"em sua estrutura, em sua arquitetura, em sua forma intrínseca e no jogo de suas relações internas".*[8]

Logo em seguida, procura estabelecer as relações que existem entre o *autor*, o autor moderno e seu nome. Considera que o *autor*, sobretudo o autor moderno, em decorrência das formas de discurso a que está relacionado, tanto se apaga como pode ser apagado no ato de escrever. Um fato que vem instituir uma impossibilidade de que possa ser designado através de um *nome comum*.

Dessa maneira, o *autor* não só ficaria reduzido à categoria de um anônimo como se tornaria "uma referência pura e simples" de um proprietário de textos; alguém que passaria a ser responsável pelo que acontece à obra, suas transformações ou até mesmo suas deformações.

Foucault sugere que o nome do *autor* coloca os mesmos problemas que um "*nome próprio*". O autor moderno constitui-se, portanto como aquele em torno do qual estabelece-se uma "certa unidade de escritura", já que em torno dele agrupam-se textos que podem ser delimitados ou até mesmo excluídos. Por isso o autor moderno, conclui Foucault, adquire o estatuto de uma função. Uma "*função autor*".

O exemplo limite dessa condição foi dado através de "Nicholas Bourbaki". Um "nome" que não corresponde a um único autor, mas a um "autor múltiplo" das matemáticas. Bourbaki é um criptônimo adotado por matemáticos franceses que se reuniram no final dos anos trinta e tinham um projeto de elaborar uma obra completa das matemáticas, renovando-as constantemente. Para isso, realizavam com certa regularidade "seminários

8 Id., Ib., p. 8.

Bourbaki" onde divulgavam suas produções. Na prática, exerceram uma influência que se estendeu por todo mundo.

Ao adquirir o estatuto de uma *função*, o *autor* transforma-se em algo diferente do personagem que o sustenta, podendo inclusive ser reduzido a expressões tais como "têm-se dito", "se disse", "alguém disse", entre outras. O que é importante a se considerar é que, de um ponto de vista lógico, o autor moderno não intervém da mesma forma em todos os lugares, passando a se constituir num modo de ser do discurso.

Essa conclusão inferida por Foucault levava o *autor* a desempenhar um tipo de "função classificatória" para os discursos. Mais do que isso, no universo dos discursos, essa *função autor* não deve ser levada em conta só pela diversidade de seus efeitos, mas pela *produção* de algo que se realiza em torno dele.

Em decorrência desse fato, Foucault dividiu a *função autor* em três categorias: um autor que desenvolve um tipo de discurso "literário"; um segundo tipo de autor que tem um discurso "científico" e, por fim, um terceiro tipo de autor que foi nomeado como "fundador de discursividade".

Nessas categorias dos discursos, a produção dos dois primeiros desenvolve-se por si mesmo. Quanto à terceira, ela deve ser olhada com mais reservas. Neste caso, o *autor*, além de poder escrever seus textos, pode publicar livros que venham fundar até mesmo novas ciências; o essencial nesse tipo de "discurso" é que ele venha determinar a produção de algo novo. Isso quer dizer que um texto de origem seja capaz de gerar a "possibilidade e a regra" para a produção de outros textos. Que seja capaz de instaurar outras discursividades que foram colocadas, por Foucault, numa posição nomeada de "transdiscursiva".

Um fato curioso a se levar em conta: ao desenvolver sua análise em torno dessa terceira categoria da *função autor* e dessa noção do discurso que instaura uma outra discursividade, Foucault fez uso de uma expressão que já era bastante familiar no ciclo lacaniano. Referiu-se, como uma condição inevitável para instaurar este "outro discurso", à exigência de um "*retorno a*". Tratava-se de uma condição necessária e intrinsecamente ligada ao desenvolvimento dessa nova discursividade.

Todavia, é preciso ver que esse "*retorno a*" não corresponde a uma "redescoberta", a uma "reatualização" ou mesmo a um "suplemento histórico" de um texto de referência. Trata-se de uma condição em que um discurso, para adquirir esse estatuto de "instaurador de discursividade", deverá passar de início, por um determinado tipo de esquecimento.

Não se trata de um esquecimento qualquer, mas um "esquecimento essencial e constitutivo" do texto original que mais tarde poderá retornar sob a forma de um novo discurso[9], que não precisa sequer conter enunciados equivalentes ao texto fundador. Ele pode mesmo ser inteiramente transformado.

O essencial é que o discurso originário o torne possível e que se mantenha um tipo de ligação interna entre eles. Com efeito, o que se realiza é que a produção dessa nova discursividade cria a possibilidade de se fazer "uma espécie de costura enigmática da *obra* e do *autor*"[10].

Entre os autores citados por Foucault, em torno dos quais tem-se desenvolvido um "trabalho efetivo" de uma nova discursividade, ele incluiu Marx e Freud. Os textos destes dois autores produziram transformações ou mesmo transgrediram o que até então havia sido dito em suas respectivas áreas.

Detive-me por mais tempo nessa conferência de Foucault, pois algumas questões levantadas por ele, nessa ocasião, interessaram a Lacan. Elas produziram efeitos que não pararam de insistir no curso de seu ensino. No entanto, deve-se considerar que não existe uma linearidade entre o trabalho de Foucault e a produção desse projeto lacaniano que resultou na elaboração de uma nova discursividade na psicanálise. Refiro-me à concepção e à produção dos *discursos.*

Lacan considerou-se "convocado" a escutar Foucault por algo que se encontrava além da estética, do interesse, ou mesmo por uma obrigação moral. Considerou como uma "decisão" que o *Outro* lhe impôs[11] e no final

---

9 Id., Ib., p. 20.

10 Id., Ib., p. 21.

11 Allouch, J., *Lettre pour Lettre – transcrire, traduire, translittérer*, Editions Erès, Paris, 1984, p. 299.

da exposição agradece pela análise que Foucault fez da expressão "*retorno a...*". Algo que já vinha sendo usada por ele desde 1955, como uma convocação aos analistas para que fizessem um "*retorno a...* Freud"[12].

Até aquele momento não se havia feito qualquer interpretação dessa sua expressão. Ali, no entanto, Foucault a interpretou como um fato de discurso. Isso quer dizer que o "retorno a... Freud" só foi possível por ele [Freud] ter sido um "fundador de discursividade".

Esse modelo apresentado por Foucault, que de certa maneira foi também compartido por Lacan, não correspondia a uma simples volta às origens ou mesmo a um retorno histórico aos textos de Freud. Tampouco se tratava de uma alusão a um retorno do recalcado.

O apelo de Lacan era para que os analistas retornassem, como um fato de discurso, a esse lugar descoberto por Freud. Mais do que isso, que pudessem produzir uma transformação no texto original de Freud, dandolhe uma nova discursividade.

Assim, dever-se-ia fazer um trabalho que percorresse toda a obra de Freud, e que ela fosse tomada como suporte de "uma fase recorrida" desde sua morte. Era preciso buscar-se o sentido que se preservava em seus trabalhos, procurando esclarecê-los como ele, Lacan, vinha fazendo em seus Escritos. Esse movimento de um "*retorno a Freud*" deveria ainda ser feito através de um percurso equivalente a uma segunda volta da fita de Moebius.[13]

Outra condição levantada por Foucault em sua conferência, e que interessou a Lacan, foi a idéia do desaparecimento do sujeito no discurso. Mais uma vez, colocou-se numa posição contrária àquela de Foucault, afirmando que não se tratava simplesmente de uma ausência do sujeito, mas de uma condição de implicação e dependência que o sujeito mantém com a própria estrutura discursiva e com o significante.

O que se deve considerar é que as divergências que existem entre as posições de Lacan e Foucault denunciam que não se trata de uma mesma

---

12 Lacan, J., *La chose freudienne ou Sens du retour à Freud en psychanalyse*, Écrits, Seuil, Paris, 1966.

13 Lacan, J., *La Chose Freudienne* –, Écrits, Seuil, Paris, 1966, p. 403.

discursividade para ambos.[14] Com efeito, embora se possa identificar alguns pontos comuns entre eles – como por exemplo que nenhum discurso tem como referente a verdade ou ainda que o discurso é causado por um tipo de vazio, um "vacúolo", em sua essência, eles tinham posições contrárias.

A própria natureza desse vazio não é a mesma para um e para o outro. Se, para Foucault, tratava-se de algo relacionado com "as práticas de gozo", para Lacan, o que motivava o discurso era esse "buraco" que existe no lugar do "outro significante"; uma condição que tem uma consistência do real, capaz de causar o próprio efeito do significante.

---

[14] Existiu uma outra discussão com Foucault desenvolvida por Derrida, um de seus alunos na Escola Normal Superior, a propósito dessa questão do discurso.

VI

A PRODUÇÃO DOS DISCURSOS

Com o propósito de tratar isso que denominou a "clínica de Freud", Lacan serviu-se da escritura do algoritmo "S maiúsculo sobre s minúsculo" [S/s], extraído de sua intervenção sobre o signo saussureano.

A partir dessa escritura mínima, como me referi em capítulos anteriores, pôde considerar as leis da linguagem – a metáfora e a metonímia – equivalentes às operações do inconsciente freudiano, a condensação e o deslocamento, respectivamente. Todavia, é preciso levar em conta que o inconsciente lacaniano e o inconsciente freudiano não se equivalem num tipo de projeção linear.

Assim, mesmo que a metáfora corresponda ao campo da condensação, Lacan fez sua diferença. Na *condensação*, enquanto "seu efeito parte do recalque e faz seu retorno do impossível" para fundar um limite com o qual o simbólico vem instaurar a consistência do real, a *metáfora* opera com um efeito de sentido, à medida que o significante penetra no significado, numa operação essencialmente simbólica[1].

Quanto ao *deslocamento* e a *metonímia*, guardaram uma aproximação maior. São operações que contemplam um deslizamento do objeto causa do desejo.

---

[1] Lacan, J., *Radiophonie*, Autres écrits, Seuil, Paris, 2001, p. 416/7.

Assim, na primeira parte do ensino de Lacan, a psicanálise passou a ser lida através de uma "topologia do significante" que fundamentava a própria noção da estrutura simbólica e da linguagem. Mais tarde, ao introduzir os objetos "topológicos de superfície" e formalizar essa noção do objeto (*a*), Lacan promoveu uma transformação da estrutura, de uma consistência simbólica para o real.

Esse fato trouxe suas conseqüências na prática e na teoria analítica, promovendo um investimento mais consistente de seu ensino na lógica e nas matemáticas, para formalizar o discurso analítico. É importante considerar que Lacan sempre tratou de manter um limite entre a lógica, as matemáticas e a psicanálise.

Para isso procurou estabelecer uma diferença entre o significante e a letra, considerando esta última como um elemento que viria a possibilitar uma via de acesso direto ao real. Ainda que não se pudesse falar do real, parafraseando Wittgenstein, disse que se poderia mostrá-lo e, sobretudo, se deveria escrevê-lo.

Aqui, mesmo que a lógica, as matemáticas e a psicanálise mantenham certa convergência, isto é, que possam ser construídas através de mesmos elementos – as letras – elas não guardam o mesmo estatuto nos dois discursos. Com efeito, para as ciências, as letras definem tipos de relações biunívocas, tornando possível sempre considerar-se que "*x é igual a x*".

Mais do que isso, as ciências no geral e as matemáticas no particular só têm seu valor a partir dessa condição de que um significante ou uma letra possam significar a si mesmos [aqui estou fazendo uma forçagem equivalendo o significante à letra]. O que se escreve uma vez como *matema* funciona, desde quando possibilita que se possa encontrar "o mesmo" cada vez que se o procura. Quando se quer falar das fórmulas da sexuação, da demanda, do *fantasma fundamental*, dos diferentes *discursos*, encontra-se sempre uma mesma escritura[2].

Para a psicanálise, no entanto, não se pode estabelecer essa mesma equação, já que no discurso analítico um significante ou uma letra não

[2] Lacan, J., Sem. XVII, *La psychanalyse à l'envers*, aula de . Edição não oficial.

significam a si mesmos. Assim, o que a repetição institui é sempre uma diferença e, como tal, x será sempre diferente dele mesmo: X $\neq$ X, *x é diferente de x.*

Desta maneira, à medida que o real foi se tornando a *dimansão* consistente da prática analítica e adquirindo o estatuto de estrutura, a importância dessa função da letra e da escritura foi ganhando notoriedade. A letra não se realiza implicada ao conhecimento do real, mas atua sobre o real. A aposta lacaniana, mesmo que estivesse próxima de transmitir a psicanálise como as ciências, através dos matemas, não dependendo do inventor ou do autor, algo que pudesse parecer sem perdas, ao tratar da *psicanálise em extensão*, o caminho seria diferente. Haverá sempre uma perda.

Pelo valor que lhes foi sendo agregado, refiro-me ao real e à noção de escritura, já na primeira aula do seminário "De um Outro ao outro" [XVI], Lacan escreveu uma frase no quadro-negro que se tornou emblemática e o orientou a partir desse momento: "a essência da teoria psicanalítica é um discurso sem palavras". Logo em seguida acrescentou que é também "sem autor"[3].

Esse enunciado vem sugerir que a estrutura não necessita de elementos verbalizados e nem sequer que se precise compreendê-la ou que necessite de fazer algum sentido. O real, portanto, como um suporte da psicanálise, vem ultrapassar a importância das palavras, desde quando elas só aparecem numa condição "mais ou menos ocasional", já que *"a formalização matemática é nosso objetivo, nosso ideal [...] só ela é matema, capaz de se transmitir integralmente"*[4].

É interessante observar, no entanto, que mesmo tratando a formalização da matemática como um "ideal", como um matema que obedece a uma escritura, a psicanálise não pode ser transmitida sem deixar restos. Nessa mesma aula do seminário "Encore", Lacan confessa seu fracasso em

---

3 Lacan, J., Sem. XVI, *D'un Autre à L'autre*, aula de 13/11/1968. Documento interno da Association Freudienne.

4 Lacan, J., Sem. XX, *Encore*, aula de 15/05/1973. Versão não oficial.

torno desta questão, pois a psicanálise é uma prática que não contém esse "ideal" de transmissão.

Com efeito, mesmo que através das letras, das pequenas letras, chega-se a apreender o real de uma maneira imediata, sem representação ou mesmo sem qualquer ilustração, ainda que se constitua numa escritura, *"(ela) só subsiste se eu emprego, para apresentá-la, a língua que uso [...] nenhuma formalização da língua é transmissível sem uso da própria língua"*[5].

Aqui, mesmo que o *sujeito* "não saiba o que diz" ou que "não se reconheça no que diz", não é uma questão que se colocava como uma prioridade naquele momento.

Uma condição que já havia sido trabalhada por Freud: um sujeito quando fala e dirige-se a alguém, realiza uma condição que não é de sua autoria ou mesmo de sua escolha, mas daquilo que o constitui. Um dispositivo linguageiro e lógico que está além das palavras e visa inscrever essa condição que sustenta a fala. Neste caso, o que se torna prioridade é "quem fala" ou mesmo "quem o diz"[6].

Talvez se possa afirmar que estes desenvolvimentos venham se constituir como aqueles que também possibilitaram à Lacan produzir a *noção de discurso*. Algo que adquiriu todo valor para a psicanálise, por ter sido construído a partir de seu ofício como analista.

O significante *discurso* originalmente faz parte de uma linguagem corrente, aparecendo em diversas expressões como o "discurso das ciências", o "discurso da Filosofia", o "discurso do Método", o "discurso de Roma". No entanto, a partir deste momento, em seu ensino, deixou de corresponder a uma palavra comum e pôde tomar um outro sentido, não convencional e capaz de se constituir sem palavras.

Isso quer dizer que muitas vezes os atos, as condutas ou mesmo certas manifestações do sujeito dependem de "dizeres" essenciais sem que as palavras sejam necessárias. O *sujeito* não sabe quem os diz, nem mesmo de

5 Id., Ib.

6 Lacan, J., Sem. XVII, *La psychanalyse à l'Envers*, aula de 11/02/70. Edição não oficial.

onde eles vêm, mas trata-se de um dizer que o impulsiona a agir, a atuar mesmo que isso cause sofrimento.

A *noção de discurso* vinha revelar a causa do sofrimento do analisante, procurando dar conta de um relação entre o privado e o público, ou melhor, entre o singular e o público. Lacan procurou tratar esta questão, de início, referindo-se às relações que o sujeito mantém com o *supereu*[7].

Posteriormente, ele o fez estabelecendo uma diferença entre o "enunciado" e a "enunciação" e, mais tarde, revelando essa disjunção entre os "ditos" e o "dizer". Embora muitas vezes se procure estabelecer uma equivalência entre estes dois pares, não é correto estabelecê-la. O primeiro corresponde a duas condições contempladas pelo simbólico, enquanto que o segundo diz respeito a uma divisão entre o simbólico (os ditos) e o real (o Dizer).

Todavia, para que algo possa se inscrever e causar efeitos sobre o *sujeito*, para que isso se torne possível, mesmo que o sujeito não saiba quem o disse ou de onde veio, será necessário que se leve em conta um efeito autônomo da linguagem. Ou mesmo que se considere a presença de certas relações estáveis que existem na própria estrutura linguageira. Condições que causam seus efeitos sobre o sujeito a partir de uma "comunidade de vozes", isto é, através de diversos enunciadores.

A psicanálise, no entanto, precisou ter sido inventada para que se pudesse identificar esse "outro lugar" de onde vem essa injunção que intima o sujeito agir, mesmo contra sua vontade ou seus ideais. Foi a partir daí que se tornou possível formalizar essa *noção de discurso* e encontrar seu sentido.

Algo que se desenvolveu através de certas escrituras simples relacionadas à topologia do significante. Uma primeira, que vem sustentar a própria definição canônica do *sujeito* "de ser representado por um significante *para* outro significante": $\$ \rightarrow S_1 \rightarrow S_2$ ou ainda $S_1/\$ \rightarrow S_2$. Uma outra que vem contemplar essa condição de estrutura em que o *significante do sujeito* $[S_1]$

7 Lacan, J., Sem. XVII, *La psychanalyse à l'Envers*, aula de 26/11/1969. Versão não oficial.

intervém sobre o "outro significante", aqui denotado por [S_2], produzindo e causando a queda do objeto (*a*): $S_1 \rightarrow S_2 \rightarrow$ (*a*).

Como me referi anteriormente [ver capítulo IV], estas escrituras não correspondem simplesmente a um par de significantes que se inscrevem num espaço euclidiano, como na lingüística. Eles formam uma rede, um tipo de *coexistência* de significantes que se fundamenta na teoria dos conjuntos e através do axioma do "par ordenado" que vem fundar essa noção da estrutura a partir da presença de um "buraco".

Uma noção que se desenvolveu como um plano projetivo e elaborado por Lacan a partir da *topologia dos objetos de superfície*. No final de seu ensino, ele tratou ainda deste "espaço" através da *topologia dos nós borromeanos.*

Desde que esse elemento definido pela topologia como um "buraco" tornou-se equivalente à noção de *estrutura*, ele passou a se constituir e representar a própria Lei que causa e ordena a rede de significantes. Essa condição chegou mesmo a ser enunciada de uma maneira pontual, quando Lacan referiu-se a propósito da garrafa de Klein: "minha garrafa... é a Lei".[8]

Portanto, de um ponto de vista topológico, vou insistir, essa condição possibilita uma terceira escritura que vem matemizar essa interveniência do "significante do sujeito" [S_1] sobre esse "buraco" que se constitui no lugar do "outro significante". Um buraco que embora tome o nome e a forma de *pequeno a*, vai ser denotado por [S_2]. Uma condição que pode ser matemizada por: $S_1 \rightarrow$ (*a*) $\rightarrow$ [S_2].

Isso quer dizer que o *significante do sujeito* [S_1], numa posição de "exterioridade", passa a desempenhar essa função de *borda* que vem construir o próprio "buraco". Paradoxalmente, portanto, essa intervenção sobre o "buraco em-forma de (a)" é que alimenta a produção e o efeito do significante.

Aqui, essa noção do *sujeito* que se fundava a partir da topologia do significante não só fez Lacan se opor à idéia de um *Saber absoluto*, como o levou a considerar a produção do *Saber*, a partir de uma incompletude

8 Lacan, J., Sem. XVII, *Problèmes cruciaux pour la psychanalyse*, aula de 03/02/1965. Versão não oficial.

desse "outro significante". Essa condição veio fundamentar uma outra topologia, agora organizada em torno do *objeto* (*a*).[9]

Esse fato linguageiro permite inferir que a rede de significantes [S_2], que toma o estatuto do *Saber* inconsciente, não deve ser concebida como existindo previamente nesse "outro lugar", mas que só se inaugura a partir dessa intervenção do *significante do sujeito* [S_1] sobre esse "buraco em-forma de *a*", que é a própria *estrutura*.

Dito de outra forma, esse *saber* sem sujeito, esse "*saber* que ele mesmo se sabe", constrói-se a partir da incompletude de um "outro lugar" que tem *forma de* [*a*]. Um "buraco", que tem uma consistência do real e, como tal, esvazia-se do gozo desse campo do *Outro*.[10]

Desta maneira, o *sujeito* do inconsciente não só vem corresponder a "uma resposta do real", como adquire a função de organizar esse "buraco" *em-forma* de (*a*), que passa a se constituir num suporte que sustenta o desejo. Por isso mesmo, deve-se considerar que o *sujeito* só se inaugura no instante onde, no real, pode-se isolar algo que, de um ponto topológico, corresponde à própria noção de um "buraco".

Ao dar contorno e limite a esse "buraco" com uma malha de significantes ou de letras, organiza-se o mundo das representações, do semblante, das aparências, assim como o *im-mundo* dos representantes onde o próprio sujeito ex-siste numa subtração que o funda. Foi neste lugar que Freud, com sua metapsicologia, revelou a dialética do desejo, um desejo sempre inconsciente ao qual lhe era atribuído um sentido que mantinha relação com o princípio do prazer. Tratava-se de uma condição que buscava manter o nível de tensão mais baixo possível, como algo essencial à vida.

Lacan tomou uma outra via. Em oposição ao pensamento freudiano, concebeu o desejo sempre como um "desejo de morte". Uma condição discursiva que não definia o espaço da existência do *sujeito*, simplesmente, numa temporalidade cronológica, mas como uma condição singular que o

---

9 Lacan, J., Sem. XVI, *D'un Autre à L'autre*, aula de 04/06/1969. Documento interno da Association Freudienne Internationale.

10 Trata-se de uma alusão ao gozo do Falo, que faz parte da dimensão simbólica.

convocava a ultrapassar a cada momento certos limites que o princípio do prazer lhe impunha.

Ao retificar essa função do desejo, o *sujeito* mantinha-se sempre numa condição que basculava entre um além ou aquém do princípio do prazer, num campo que o afeta e que se chama gozo. O caminho para a morte, portanto, não corresponde a uma via que possa interromper simplesmente o curso da vida, mas trata-se de uma condição discursiva que o *sujeito* experimenta como gozo.

Algo que mantém uma relação primitiva com o *Saber* inconsciente, essa estrutura essencialmente simbólica que vem colocar limites na errância que a vida faz em direção à morte. Dito de outra forma, é o *saber* inconsciente que detém a vida em direção ao gozo e à morte.

Será nessa relação entre o gozo e o *Saber* que vem se construir esse dispositivo nomeado de *discurso*. Para isso, constrói-se um novo espaço, a partir do qual deve-se reler de uma outra maneira a própria função do significante.

O discurso analítico, portanto, constitui-se numa prática de leitura, já que é disso que se trata na psicanálise, uma operação de escritura em que se lê de um outro modo aquilo que vem repercutir na palavra. Uma outra leitura que busca fazer o *sujeito* sair de sua homeostase, para não deixá-lo "ronronando no prazer", dizia Lacan.

Nesse período, Lacan não mais se contentou em abordar o real através de um nó de significação constituído pelo simbólico e imaginário, mas tratou de fazê-lo usando de elementos que tivessem características do próprio real. Por isso mesmo, passou a se utilizar da letra, da escritura e da lógica. Essa condição determinou uma torção no discurso analítico.

Assim, não é excessivo se dizer que a *noção de discurso* desenvolveu-se, no ensino de Lacan, a partir de três referências: a primeira, essa condição lógica e linguageira que concebe a *noção de estrutura* como uma dimensão do real. Um novo fato que passa a interrogar de outro modo as relações entre a linguagem e a fala.

A segunda, através dessa série de escrituras mais simples que foram sendo elaboradas e que possibilitaram, como um novo dispositivo, novas escrituras para o discurso analítico:

$$
\begin{array}{llll}
\$ \rightarrow & [S1] \rightarrow & [S2] & \\
 & [S1] \rightarrow & [S2] & \rightarrow (a) \\
 & [S1] \rightarrow (a) \rightarrow & [S2] &
\end{array}
$$

A primeira delas dá suporte à própria definição do *sujeito* de ser "representado por um significante *entre* outros" ou junto a outros significantes. A segunda, em que a intervenção do significante do sujeito [S_1] sobre o Saber [S_2] produz e faz cair o objeto [*a*] como causa do desejo. Uma operação significante que instaura o *sujeito* na ordem simbólica e constrói um campo de gozo onde o próprio *sujeito* está implicado como objeto. Lacan vai desenvolvendo a partir daí uma reciprocidade que chega a ser "total" entre o sujeito e o objeto (*a*).[11] O sujeito é o objeto.

Em relação à terceira escritura, tomada de uma forma simplificada, [$S_1 \rightarrow$ (a)], ela vem mostrar estes dois lugares: o *do UM*, o lugar do *significante do sujeito*, em oposição ao lugar do "outro significante", do *outro que real*, do *outro resto* que tem *forma de* (*a*). Aqui, o "corpo da linguagem", um somatório de *lalingua*, além de se inscrever sobre o corpo do ser falante ("parlêtre"), procura também estabelecer uma "conexão" entre o *UM* e esse "outro lugar".

Como me referi acima, Lacan num de seus seminários, quando procurou aludir ao "Vocabulário de Psicanálise de Laplanche e Pontalis", produziu um lapso, referindo-se ao "Vocabulário de filosofia de *Lalande*". De imediato, por deslizamento, criou esse neologismo "*lalangue*", que teve toda importância em sua prática e no último período de seu ensino.

Uma invenção que passa a se constituir num (f)ato de linguagem, que vai fundamentar esse desenvolvimento da *estrutura* como tendo uma consistência do real, já que não existe letra sem *lalíngua.* A partir desse momento, pode-se dizer que Lacan revelava duas estruturas linguageiras que causam efeitos diferenciados no *sujeito.*

De um lado, a "língua" para os lingüistas, para os estruturalistas ou ainda para alguns psicanalistas que o seguiram num determinado período

[11] Lacan, J., Sem. XX, *Encore*, aula de 15/05/1973. Versão não oficial.

de seu ensino. Por definição, corresponde a uma função que é contemplada pela própria dimensão simbólica. Aí, o campo da linguagem, em sua condição mínima, é constituído por elementos simples que se definem através da "pura diferença" de um par de opostos e que se fundamenta e se organiza a partir do signo lingüístico.

Estes elementos combinam-se, formando cadeias que obedecem a leis rígidas. Mesmo tomando diferentes interpretações, deve-se considerar que neste sentido a "língua" serve sempre para comunicar algo.

Quanto à estrutura que é constituída por *lalíngua*, embora se possa considerar uma condição também contemplada por uma "diferença" radical entre seus elementos, não se trata de uma oposição primária entre eles. Nem mesmo numa condição que possa definir o dualismo da estrutura simbólica.

Lalíngua é uma noção próxima àquela de "língua materna" e, como tal, algo que vem marcar o corpo a partir de uma coalescência do sexual com a linguagem. Com suas rimas e aliterações, é um tipo de "lalação" que precocemente se instala entre o infans e o outro materno e que se desenvolve numa consistência do real.[12]

Aqui, não importa o que *lalíngua* possa comunicar. O que se trata é de uma propriedade que a qualifica, de que ela supõe a existência de *sujeitos* que são falados e que sofrem os efeitos dessa estrutura linguageira que é também enriquecida, sobretudo, pela fonética.

Nesse desenvolvimento da *estrutura* que Lacan vai construindo a partir desse axioma de que "há do UM", *lalíngua* vem inserir não só uma importância prioritária da polifonia na fala como passa a integrar e conservar os equívocos da *hystória* do sujeito. Desta maneira, o campo da linguagem vai ser constituído por um "somatório" de *lalíngua* que vem fazer a conexão entre estes dois lugares: o *do UM* e esse "buraco" que está no *lugar* do "outro significante". É a partir dessa intervenção de [S_1] sobre [*a*] que a malha de significantes será gerada, produzindo um *Saber*, que Freud identificou como um Saber inconsciente [S_2].

[12] Ver também os comentários que Lacan desenvolve sobre essa noção de lalíngua, na "Terceira", em Televisão, no "L'Étourdit", nos Sems. XXII (RSI) e XXIII (Le Sinthome).

Estes dois lugares fazem parte de uma "superfície primordial" que não está relacionada a um espaço euclidiano, como me referi anteriormente, mas a um tipo de "hiperespaço". Um espaço real que não mais se organiza através da topologia do significante, mas de um plano projetivo onde uma superfície local passa a conter a superfície global.[13]

É a partir, portanto, dessa "conexão" entre o lugar de [S_1] e o lugar de [*a*] que se funda a *noção de discurso*. Lacan o concebe levando em conta uma lógica que se desenvolve não só nos diferentes tempos de uma *análise em intenção*, mas também como algo que transcorre como o efeito de uma escritura que interfere na cena social. Cada discurso, portanto, vem representar um diferente tipo de laço social que procura dar conta de uma ligação entre o singular e o coletivo.

Interessante observar que estes lugares têm sido ocupados no curso dos tempos por diferentes pares, tais como o "amo e o escravo", o "mestre e o *a*-estudante", o "analista e o analisante", o "homem e a mulher", ou mesmo "o cruel e o ressentido".[14]

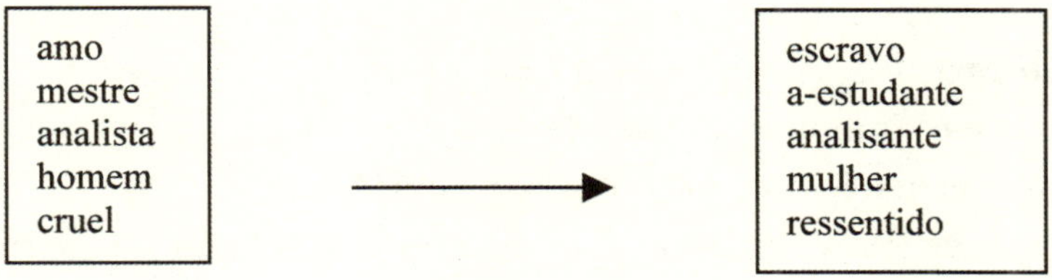

Como já me referi anteriormente, a presença desta seta alude ao próprio "axioma do par ordenado", que implica o lugar do primeiro significante no lugar do "outro significante".

Nesse momento, quando se pergunta qual é a estrutura de linguagem que está implicada nessa "conexão", a resposta que se encontra, ela não vai por si

[13] Lacan, J., Sem. XVI, *D'un Autre à L'autre*, aula de 04/12/1968. Documento interno da Association Freudienne Internationale.

[14] A inclusão deste novo "par" é uma homenagem a Emilio Rodrigué, um analista de primeiro time, que foi um dos responsáveis pela implantação e desenvolvimento da psicanálise na Bahia. Emilio faleceu em 21 de Fevereiro de 2008.

mesmo. Com efeito, como me referi acima, ela não corresponde a uma linguagem que sirva, simplesmente, à comunicação. Trata-se dessa outra estrutura linguageira que corresponde à *lalíngua* ["*lalangue*"] e que vem ferrar o corpo, fazendo-lhe marcas de pertinência e ainda sendo capaz de adoecê-lo.

Assim, a "conexão" que se faz entre o *lugar do sujeito* e o *lugar* do "outro significante" é que vai ser concebido como um *discurso* e passa a corresponder à noção de "laço social". Aqui, equivaler o *discurso* a um "laço social" é uma expressão redundante, embora não exista "outro meio de designá-lo", diz Lacan.[15]

Essa *noção de discurso*, como se desenvolve na seminário XVII, "A psicanálise pelo avesso", vem constituir-se numa condição que se especifica por ser um artefato não imposto ou abstraído de qualquer realidade, já que não existe realidade pré-discursiva. É o próprio *discurso* que passa a fundar as realidades plurais do sujeito.[16]

Esse "laço social" passa a organizar as relações que se estabelecem entre estes dois lugares, onde as palavras só aparecem aí de uma maneira ocasional. Algo que se constitui, portanto, além ou aquém das palavras, além de uma condição temporal e desprovido de qualquer necessidade de grupo para se afirmar.[17] O *discurso* obedece a uma condição que vem fazer limite entre o real e o simbólico, através dessa noção da letra.

Desta maneira, essa estrutura topológica mínima [$S_1 \rightarrow (a)$] vem mostrar que as letras instituem estes lugares e sustentam a própria *noção de discurso*. Por isso mesmo, a escritura deixa de ser uma condição só temporal, mas que se deva levar em conta também sua espacialidade. Um fato linguageiro que nos possibilita fazer duas inferências.

Uma primeira, que essa escritura realiza a condição lógica de que o significante que representa o *sujeito* é um UM que contém algo de (*a*).[18]

---

[15] Lacan, J., Sem. XX, *Encore*, aula de 13/02/1973. Versão não oficial.

[16] Lacan, J., Sem. XX, *Encore*, aula de 09/01/1973. Versão não oficial.

[17] Lacan, J., *L'Étourdit*, Scilicet, n°4, Seuil, Paris, 1973.

[18] Faço alusão ao desenvolvimento que realizei no capítulo anterior sobre o "par ordenado" onde a seta, que aparece como sinal de implicação, realiza essa condição lógica em que o primeiro termo vai estar contido no segundo.

Quanto à segunda, é que essa escritura, desde que instaura o *lugar do sujeito* e o *lugar* do "outro significante", do "*Outro* em-forma de *a*", revela essa condição singular de que nesse dispositivo de *discurso*, no que diz respeito à psicanálise, ele vem realizar a presença de um *sujeito*.

A psicanálise em intenção, portanto, uma prática que se realiza sob a forma de um *discurso*, funda um tipo de laço social que é regulado por uma ética que Lacan fez corresponder a uma "pequena etiqueta".[19] Algo que vem estabelecer certo cerimonial para o discurso analítico, propondo uma relação entre dois lugares, ocupados por dois corpos que institui um espaço de gozo que causa efeitos sobre o sujeito. Isso quer dizer que uma análise não corresponde a uma relação entre dois sujeitos, mas entre dois lugares: o do sujeito e o do objeto, que se constitui no "outro significante".

Essa escritura discursiva também vem precipitar esse enunciado emblemático que aparece no seminário "... Ou pire": "há do UM". Não se trata de um UM que traz o sentido de uma unidade que busca uma completude, como no amor ou no Estádio do Espelho e que diz respeito à dimensão imaginária. Nem mesmo a esse UM do simbólico, de um traço contável [S_1] que vem representar o sujeito *entre* outros significantes [S_2].

Refere-se ao UM que vem romper as amarras entre a psicanálise e a lingüística. Essa relação de "um significante para outro significante" que, até então, poderia construir a estrutura simbólica como uma "cadeia" no sistema saussureano, deixa de ser considerada. Passa-se a levar em conta essa noção de uma "coexistência" de significantes, de "um-significante-entre-outros", formando uma rede.

O significante UM [S_1] toma o estatuto de um "enxame" ["l'essaim"][20] que faz "conexão" com [*a*] e passa a se constituir como um lugar que contém, de uma maneira sincrônica, os significantes que podem representar o *sujeito* entre-outros significantes. Por isso mesmo, essa função do UM vem

[19] Lacan utilizou mais uma vez da homofonia para extrair do significante *éthique* a letra (h) e acrescentar o sufixo "ette", étiquette, que lhe agrega um valor diminutivo: *pequena etiqueta*.

[20] Há uma homofonia entre S_1 e l'essaim (enxame) que não aparece no brasileiro.

revelar também essa vocação anistórica do *sujeito* do inconsciente, que é lida nesse dispositivo dos discursos.

Dito de outra maneira, mesmo que se possa levar em conta uma visão histórica do homem ou da cultura, a condição do *sujeito* deve ser considerada como *anistórica*. Lacan chegou a afirmar que a "história" não tem consistência, desde que ela se inscreve na própria cena, como algo atualizado.

Ela deve ser considerada como sendo de uma outra natureza. Diferente de uma versão oficial e diacrônica do homem, ela corresponde a uma outra *hystória* e, como tal, deve ser lida da maneira que se escreve: diferentes versões do *sujeito* sobre sua ex-sistência[21].

Deve-se considerar ainda que essa divisão que separa estes dois lugares e possibilita a noção de *discurso* é equivalente àquela que existe entre os sexos. Uma condição que vem realizar a impossibilidade de diálogo entre o Homem e a Mulher, que se enuncia através de outro aforismo: "não há proporção sexual" entre eles.

Como não há uma "proporção" possível entre o UM do sujeito e o "Outro sexo", Lacan se perguntava como o Homem e a Mulher podem se reproduzir, já que entre eles não existe cópula. A solução que sugere que é de natureza lógica e está relacionada ao próprio discurso analítico, aparece numa passagem do L'Étourdit, onde trata de comentar sobre a "função da resposta".

Diante da relação impossível entre os dois sexos, ele formula a questão: "como o homem se reproduz?" Logo em seguida acrescenta que é "reproduzindo a pergunta, é a resposta. Ou "para te fazer falar", dito de outra forma, que tem o inconsciente de ex-sistir".[22] Isso quer dizer que mesmo não existindo uma cópula possível entre o Homem e o "Outro sexo", deve-se considerar essa condição causada pelo real que impõe uma produção de significantes.

Esse enigma, portanto, que existe entre os sexos e que tem uma consistência do real, estimula uma produção de significantes que tende a re-

---

[21] Ver um desenvolvimento sobre esta questão, acima, na página 67.

[22] Lacan, J., *L'Étourdit*, Autres écrits, Seuil, Paris, 2001, p., 455/456.

produzir as perguntas do *sujeito*. Um fato linguageiro que busca estabelecer um tipo de "ligação", um tipo de "laço social" entre eles.

Assim, diante dessa resposta que já existe previamente cifrada e inscrita no inconsciente, e que já decorre de um saber no real, o *sujeito* insistirá sempre com sua pergunta, procurará repeti-la muitas vezes. Essa será sua maneira de resolver essa não proporção entre os sexos. Para a psicanálise, portanto, deve-se considerar que se é a resposta que estimula, que gera, que alimenta a pergunta, é o saber que existe no real que produz o *discurso*.

Uma noção que passa a ter toda sua importância para a psicanálise, desde que sendo concebida a partir desta intervenção do *significante do sujeito* [S_1] sobre (*a*), tende a fazer desaparecer a clivagem que existe, numa dimensão imaginária, entre o privado e o público. Quando se suspende essa divisão entre o singular do *sujeito* versus o social ou o político, de um ponto de vista topológico, suspende-se essa divisão entre a psicanálise em intenção e a psicanálise em extensão.

Aqui, ao aludir à topologia, isso possibilita tratar destas duas diferentes posições não mais fazendo parte de um espaço euclidiano. Trata-se de um espaço real que se estrutura e se organiza num "plano projetivo" ou mesmo como uma fita de Moebius, essa superfície que não tem direito ou avesso, nem dentro nem fora. Por isso mesmo, tanto a estrutura do *sujeito*, que se pode dizer que é de uma natureza privada, e aquilo que é do público são alimentados e respondem a uma mesma condição: o real.

Após estas considerações iniciais sobre a *noção de discurso*, vou tratar de formalizar sua escritura; de fazer uma leitura que possa contemplar as idéias estabelecidas por Lacan durante o seminário XVII, "A Psicanálise pelo Avesso".

Lacan vai procurar escrever a própria estrutura da linguagem, ordenando um número de lugares que passarão a ser ocupados por letras que faziam parte de sua álgebra. Essa *noção de discurso*, portanto, deve ser tomada como uma tipologia ou como uma topologia que se inscreve numa superfície real a partir de duas divisões. A primeira, *vertical*, que institui dois lugares: um deles – à esquerda – o do *sujeito*, onde nasce todo discurso. Um outro – à direita – o lugar do "outro significante", para onde todo discurso se dirige.

Estes dois lugares mantêm uma condição de alteridade radical que vem se constituir numa propriedade que está implicada à própria definição de discurso, como é tratado na psicanálise.

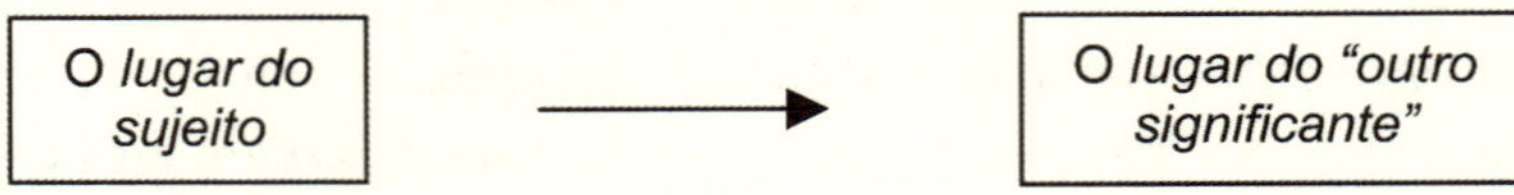

Estes lugares serão ocupados por diferentes elementos que estão "repartidos no mundo [...] e não se sabe qual é de quem"[23]. Elementos que não são individuais e nem mesmo formam "cadeia" como é sugerido pela lingüística. Eles mantêm-se num tipo de "coexistência", construindo uma rede que funciona de uma maneira sincrônica para qualquer ato de fala.

A seta denota a relação de implicação e de interveniência do lugar do *sujeito* sobre [*a*] que vem constituir-se no lugar do "outro significante". Uma condição que constrói uma malha que não se pode considerar dispersa, mas já formando um *Saber*, um saber inconsciente, como me referi anteriormente.

Aqui, desde que o *sujeito*, por definição, constitui-se como uma condição "deduzível", ele deve ser diferenciado do homem, da pessoa ou mesmo do indivíduo. Dito de outro forma será, portanto, a partir da interveniência desse significante que o representa [S_1] sobre o campo do *Saber* [S_2], que ocupa o lugar do "outro significante", que vem instituir-se e fixar essa "conexão" que se define como um *discurso*.

Existe uma outra divisão na construção dos discursos, agora *horizontal*. Esta operação institui nestes dois lugares uma estrutura com quatro "casas". Lacan preferiu mais uma vez inovar, construindo para essa ocasião, o neologismo *quadrípode* – "metade latim e metade grego" – em lugar de "quadrípodo" ou "tetrápodo". Com isso, procurava dar conta dessa idéia de uma topologia rudimentar que repousa sobre "quatro patas" [as mônadas] e que se pode "sentar sobre eles...".[24]

---

23 Lacan, J., Sem. XVIII, *D'un discours qui ne serait pas du semblant*, aula de 13/01/1971. Documento interno da Association Freudienne Internationale.

24 Lacan, J., *Le savoir du psychanalyste*, aula de 03/02/72. Documento interno da Association Freudienne Internationale.

Mesmo que essa divisão venha aludir à topologia do significante, ao recalque primário ou à divisão do *sujeito*, ela não deve ser concebida, simplesmente, como sendo realizada por um plano. Trata-se de uma divisão que se realiza a partir da presença de uma superfície não euclidiana, como já me referi no desenvolvimento do "par ordenado".

Essa operação de divisão, portanto, constrói esse dispositivo "rudimentar" da *noção de discurso*, que passa a conter quatro lugares: dois à esquerda, um acima e outro abaixo da superfície que o divide, correspondendo ao *lado do sujeito*. Eles passam a ser nomeados, de início,[25] como *lugar do agente* e *lugar da Verdade*, respectivamente.

No *lado do* "outro significante", à direita, existem também dois outros lugares: um acima e outro abaixo da superfície que o divide. Eles serão nomeados, respectivamente, de *lugar do outro* e *lugar da produção*.

Essa disposição das quatro "casas" escreve uma estrutura rudimentar para estes discursos:

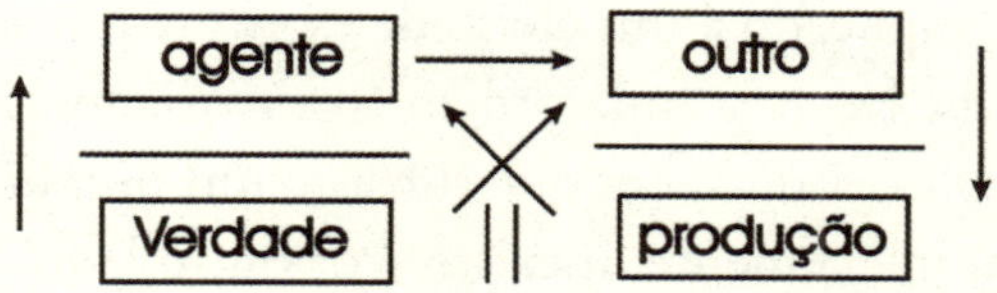

Antes de formalizar a escritura de cada um deles e tratá-los isoladamente, gostaria de fazer dois comentários.

O primeiro, para dizer que esta divisão das quatro "casas" realiza, mais uma vez, uma atração, uma "paixão" de Lacan pelo número quatro[26].

[25] Digo "de início" porque Lacan no desenvolvimento dos discursos vai deduzir de uma maneira lógica outras nomeações para estes lugares. O único que manterá sempre o mesmo nome e ainda será escrito com letra maiúscula é o *lugar da Verdade.*

[26] Desde seus primeiros trabalhos que sinalizou para a importância do "número quatro". Em seu texto *A Família*, além dos três de Freud, introduziu a pulsão de morte como um quarto elemento no complexo de Édipo. Em seguida, os quatro do *esquema L.* O retângulo do esquema R. A., estrutura quaternária que aparece em *Kant com Sade.* Os quatro do grafo do desejo. Os quatro objetos da topologia de superfície. Os quatro discursos radicais. Por fim, o nó borromeano escrito com quatro consistências.

Um número que tem como uma de suas propriedades essa condição "impossível" de que se possa definir através dele qualquer simetria. O segundo que, para se escrever os *discursos*, não só deve-se abandonar a idéia das origens, como não se pode esperar qualquer sentido para eles, já que se trata de algo que toca o real.[27]

Desta maneira, mesmo que essa *noção de discurso* venha a estabelecer um tipo de "laço social" entre estes dois lugares, o do *sujeito* e o do "outro significante", não se produz uma interlocução, nem mesmo a possibilidade de um "diálogo" entre eles. Essa noção de *discurso*, portanto, não contempla qualquer relação intersubjetiva. Não existe intersubjetividade na psicanálise.

Nessa estrutura que toma a forma de um "quadrípode", estas quatro "casas" mantêm relações rígidas entre si, e cada uma delas será ocupada, sucessivamente, por diferentes letras que fazem parte da álgebra lacaniana – $\$$, S_1, S_2 e a. Um dispositivo produzido para que se possa fazer algo com ele, sobretudo, mantendo-se a idéia de que aquilo que é produzido em cada *discurso* está implicado a um efeito de escritura que afeta o sujeito.

Estas letras obedecem a uma ordem fixa e orientada, podendo gerar pelo menos quatro escrituras, em que subsiste um número de relações estáveis, onde a fala, inicialmente, inexiste. Por outro lado, de uma maneira que se pode considerar paradoxal, todo *discurso* mantém-se, por definição, relacionado à fala.

Deve-se considerar que estas letras movimentam-se sempre num giro de "um quarto de volta", que pode tomar um sentido, tanto levógiro quanto destrógiro. Elas, a princípio, não oferecem qualquer possibilidade de comutação.[28]

Por outro lado, essa operação de um "quarto de volta", quando aplicada a cada discurso, produzirá sempre uma passagem para um outro discurso, que se torna signo do próprio campo social. Estas mudanças podem

---

27 Lacan, J., Sem. XVII, *La Psychanalyse à l'Envers*, aula de 26/11/1969. Edição não oficial.

28 Lacan mais tarde sugere um quinto discurso, nomeado do capitalista, onde institui uma comutação no discurso do mestre. Tratarei disso mais adiante.

ser também consideradas através de certas operações que são identificadas no que se denomina "grupo de Klein".

Trata-se de uma estrutura que estuda, na geometria, através de um conjunto de operações, as propriedades invariantes de certas transformações que podem ser produzidas por deslocamentos, rotações, projeções – paralelas ou centrais – de um determinado grupo. Assim, cada elemento que faz parte do grupo não se isola do conjunto, mas relaciona-se segundo leis de composição interna que os mantêm ligados entre si. Desta maneira, os vértices do "quadrípode" estarão sempre ocupados por três vetores: dois que chegam e um que sai; ou ainda em seu sentido inverso em que um vetor chega ao vértice e dois outros saem.

Estes "movimentos" que estão, portanto, incluídos no desenvolvimento da *noção de discurso* não só possibilitam que se possa deduzir a maneira como o *sujeito* vai estar posicionado nessa estrutura linguageira, como constróem uma permutação cíclica que é determinada pela presença de um elemento gerador.

Esse elemento gerador ocupará sempre o *lugar de agente*. Um *lugar* que, mesmo permanecendo "inominado", vai servir como referência para que se possa formalizar e definir os diferentes discursos.

Isso quer dizer que essa "casa" [acima e à esquerda], de onde nasce todo discurso,[29] funciona como uma *agência* a ser ocupada por diversos "funcionários". O "representante" que passa a ocupá-la irá sempre desempenhar essa função *de agente* e, como tal, será o responsável pelo efeito do enunciado para cada um dos discursos.

Além disso, cada discurso será nomeado, receberá seu "título" em função da letra que estiver ocupando esse *lugar de agente*. Um lugar que funciona também como uma "matriz" para que a fala possa produzir diferentes efeitos sobre esse "outro lugar", como uma ação ou um trabalho.[30]

---

29 Embora coloque esse enunciado "de onde nasce todo discurso", gostaria de precisar essa questão. O que causa os discursos é o real que ocupa o lugar da Verdade. Assim, de uma maneira rigorosa deve-se considerar que apesar dos discursos se iniciarem no lugar de agente, a consistência que o causa é a do real, no lugar da Verdade.

30 Porge, Erik, *Jacques Lacan, un psychanalyste*, Point Hors Ligne, érès, 2000, p., 315.

Assim, quando essa "agência" estiver ocupada por [S_1], o *significante-mestre*, o discurso será dito *do mestre*. Quando se tratar de [S_2], o *Saber*, fala-se de *discurso do universitário*. Se for [$], o *sujeito dividido*, nomeia-se de *discurso do histérico*. Por fim, quando estiver ocupada por (*a*), vai corresponder ao *discurso do analista*.

Estes quatro discursos correspondem ao que Lacan considerou como os *discursos radicais* ou também como os *discursos oficiais*. Desde que são escritos sob uma forma algébrica, procuram abordar através de diferentes "laços sociais" o real da estrutura que funda e se transmite sob estas diversas profissões *impossíveis*, já conhecidas desde a época de Freud.

Refiro-me, aqui, à equivalência que Lacan propôs das três profissões *impossíveis* reveladas por Freud – governar, educar e analisar – com os discursos do *mestre*, do *universitário* e do *analista*, respectivamente. Em certo momento, quando passa a interrogar a presença desse "poder dos impossíveis" sobre o real do gozo, ele acrescenta por sua conta "fazer-se desejar" como algo que vem corresponder ao *discurso* do *histérico*.

Tendo concebido e nomeado os diferentes discursos, uma outra questão a se considerar é que eles se inscrevem, de um ponto de vista lógico, mantendo sempre dois tipos de impedimento: uma *impotência* e uma *impossibilidade*. Existem muitas vezes divergências quanto a estas propriedades dos discursos nos próprios textos estabelecidos dos seminários de Lacan. Por isso mesmo, mais uma vez, será preciso tomar posição.

Do meu ponto de vista, a *impotência* designa essa condição de que ao *discurso*, desde que se constitui como uma "barreira ao gozo", mesmo que seja possível escrever a "conexão" entre o *lugar de agente* e o *lugar do* "outro significante", haverá sempre um limite. Por mais que o *sujeito* se utilize das palavras, não encontrará respostas suficientes sobre o que ele é ou quem ele é, pois as palavras não podem dizer tudo. Assim, proponho a *impotência* como algo que se inscreve na parte superior dos *discursos*.

Quanto à *impossibilidade*, trata-se dessa própria condição discursiva e de estrutura que institui uma disjunção entre o lugar da *produção* e o lugar da *Verdade*. Isso quer dizer que nenhum vetor ou mesmo nenhum elemento poderá alimentar o *lugar da Verdade*. Lacan sugeriu que essa condição de "isolamento" do *lugar da Verdade* fundamenta a consistência do real e, como tal, passa a definir a própria condição que causa os *discursos.*

Essa leitura que realizo sustenta minha posição de colocar a *impossibilidade* na parte inferior dos *discursos*, produzindo uma exceção que vem alterar o movimento dos vetores, contrariando o grupo de Klein.

Por isso mesmo, nenhum *discurso* pode apreender o real que o causa. Não existe *Saber* que possa dar conta do real.

Sobre esta questão, Lacan formula também uma resposta, em *Radiofonia*:

"... a estrutura de cada discurso necessita uma impotência definida pela barreira de gozo, a diferenciar-se aí como disjunção, sempre a mesma, de sua produção à sua verdade".[31]

A noção dos *discursos* vem se constituir numa relação posicional de elementos e numa tentativa de formalização de diferentes "laços sociais" que refletem os caminhos a seguir numa psicanálise em intenção. Um movimento que está sempre na ordem do dia, determinando a ação do analista, as vias que deve seguir na psicanálise e seu campo ético. Por isso mesmo, existem algumas condições que são prescritas e outras proscritas em seu ofício.

Se a ética regula a ação do analista, também monitoriza as medidas da própria prática analítica, procurando estabelecer um juízo do que é a psicanálise e como se a pratica. Um juízo que só vale pela singularidade de cada um e que recusa a suposição de um soberano bem, a moralidade, os ideais e até mesmo uma "etiqueta" que obedeça aos costumes.

Diferente de todas estas condições anteriores, a ética da psicanálise, até mesmo como uma determinação "política", caminha em outra direção. É algo que a coloca como um ofício que vai à busca do real, vai ao seu encontro.

Antes de tratar dos *discursos radicais*, gostaria de sinalizar que estes "lugares" guardam suas funções e estabelecem os efeitos que cada um deles

[31] Lacan, J., *Radiophonie*, em Scilicet, n°2/3, Seuil, Paris, p. 97, 1970 (a tradução e o destaque na citação são de minha responsabilidade).

produz sobre o *sujeito.* Assim, para qualquer um dos *discursos,* cada elemento adquire uma função diferente, dependendo do lugar que ocupe em cada um dos discursos.

VII

Os discursos radicais

A noção de *discurso*, que é derivada da própria prática analítica, opõe-se à palavra. Como me referi anteriormente, ela vem corresponder a esse "artefato de quatro patas" que se inscreve como um jogo de letras.

Com os *quatro discursos,* Lacan procurou desenvolver a partir da *psicanálise em intenção*, uma possibilidade de intervenção do discurso analítico na cena social. Procurou dar um estatuto lógico aos laços sociais através de uma série de escrituras que pudesse organizar e instaurar limites nesse campo de gozo que afeta continuamente o *sujeito*, sob essa condição de que o discurso o determina.

Essa noção de discurso, portanto, é uma condição que vem instituir uma nova via para a psicanálise, já que passa a constituir-se como um ofício que está subsumido à função da letra, ao uso da letra como se faz nas matemáticas e na gramática. Uma condição, portanto, que se sustenta no que se escreve e que serve de suporte para as palavras.

Lacan insiste sobre esta questão, afirmando que, no discurso analítico, qualquer coisa, para se revelar, deve ser através da escritura, essa condição que vem instaurar uma ligação da própria estrutura de *lalíngua* com o espaço.

Aqui, existe algo de essencial a se considerar, pois o simbólico quando se inscreve no real e que o faz através da letra, não existe um lugar ou um espaço que venha preceder a letra que se inscreve. É a própria escritura, é a letra que funda os lugares quando se inscreve.

Por isso mesmo, pela importância que a letra adquire no discurso analítico, ele passa a ser concebido como uma prática de leitura que está além ou aquém das palavras.

Em sua essência, o discurso analítico embora sendo concebido como "um discurso sem palavras", ele mantém toda sua importância para usar a regra fundamental da "associação livre".

O *sujeito*, no lugar de analisante, vai estar sempre sendo convocado a utilizá-las no curso de uma análise. Todavia, quando toma a palavra, não o faz num sentido "performativo", onde ela realiza o que enuncia e funda um dizer. Ao contrário, deve-se considerá-la sob essa condição em que ela comanda, faz votos e pode mesmo injuriar o "outro", sem que necessariamente funde nenhum fato. Em última instância, a palavra deve fazer parte e ser tratada através dessa condição que Lacan considerou como uma ética que não mantém relação com qualquer moral, mas que faça um "elogio à besteira" e siga a "pequena etiqueta" que organiza o discurso analítico.

Daqui em diante, para formalizar estes *discursos radicais*, também chamados de "discursos oficiais", vou considerá-los como dispositivos que vêm realizar o "*im-mundo*" do sujeito sempre de uma forma discursiva. Isto é, como diferentes laços sociais que se inscrevem numa tipologia e numa topologia de *lalíngua*.

Por isso mesmo, a "ligação" que se estabelece entre estes dois lugares, o do analista e o do analisante, vem determinar a própria *noção de discurso* como um "laço social", sem que se realize no sentido, simplesmente, de uma cadeia de significantes. Trata-se de uma "conexão" entre o *lugar do sujeito* e o *lugar do* "outro" que se inscreve "fora" da lingüística.

Duas condições a considerar-se. A primeira delas, de que cada um dos *discursos* deve sempre ser tomado num sentido "genitivo objetivo". Isso quer dizer que os *discursos radicais* tratam de um "discurso sobre o mestre", de um "discurso sobre o Saber ou sobre um ensinante que detém um Saber", de um "discurso que trata do sujeito", considerando sua divisão subjetiva e seu sintoma. Por fim, um "discurso sobre o objeto (*a*)", com o qual o analista faz semblante.

Quanto à segunda, é que cada discurso não só pode gerar várias leituras como, sobretudo, cada um deles deve ser lido em função dos outros. Portanto, não existe um sem que os outros devam ser considerados e, particularmente, o *discurso do analista*, a partir do qual os outros foram estabelecidos.

Para apresentá-los, vou considerar que cada discurso representa um diferente tipo de ligação na cena social.

O Discurso do mestre

Mesmo que a *noção de discurso* só tenha adquirido sentido a partir da prática analítica, por "razões históricas" e por refletir a própria estrutura significante, o *discurso do mestre* será o primeiro a ser considerado.

Trata-se de um dispositivo de letras que institui limites entre o *simbólico* e isso que já está aí, antes mesmo que se possa pensar nele – o *real*. Dessa maneira, o *discurso do mestre* inaugura a condição do humano na linguagem à medida que incorpora o "real do outro real e reproduz a escritura da própria estrutura da linguagem, como diz Lacan em certo momento de seu ensino.

Para dar seguimento à minha leitura sobre os discursos, vou utilizar uma alegoria: alguém demanda uma análise.

No momento inaugural de sua entrevista, este demandante de uma análise dirige-se ao analista, falando de seus sofrimentos, de seus sintomas, faz relatos de sua história, muitas vezes agregando a crença de que é portador de uma patologia, de uma doença quase sempre com diagnóstico médico já conhecido.

Ao solicitar ajuda do analista, inaugura-se um tipo de discurso em que o "significante enquanto mestre" [S_1], que é representante do sujeito, encontra-se em seu lugar, acima e à esquerda, no *lugar de agente*, num *lugar de dominância*. Desta posição, este sujeito que por enquanto vou chamá-lo de "paciente", ele procura intervir de uma maneira imperativa sobre esse "outro lugar", acima e à direita, que estará ocupado pelo analista, aqui representado por [S_2]. Neste lugar do "outro significante", neste *lugar de trabalho*, o analista é convocado a fazer algo para curá-lo, para tratá-lo de seus sintomas e de seus sofrimentos.

Com estes termos e através desta "conexão" [$S_1 \rightarrow S_2$], vem-se construir e organizar a própria estrutura da linguagem, como sendo a "casa" onde o *sujeito* deverá habitar. Uma estrutura significante que vai estabelecer esta condição possível e necessária para a definição canônica do *sujeito*, de ser representado por um significante [S_1] entre outros.

Pode-se considerar também que foi a partir dessa conexão que Freud fundou a psicanálise e, por isso mesmo, o discurso-do-mestre vem constituir-se neste dispositivo que inaugura o próprio "discurso do inconsciente". Desta maneira, o *significante-mestre* [S_1] inscreve-se nessa "casa", acima e à esquerda, determinando uma condição de poder onde "isso fala".

Aqui, o *significante-mestre* adquire o estatuto de uma lei articulada que vem corresponder à própria Lei da linguagem – "será sempre a Lei" que procura arrumar as coisas e "até mesmo as civilizações numa ordem diferente daquela da violência".[1]

De sua posição, mesmo que o significante-mestre procure "governar", ele não o faz com qualidade, pois é algo da ordem do impossível. Em contrapartida, ele comanda e *faz fazer* os "pequenos outros", os escravos, a desempenharem seu ofício, ainda que isso seja cansativo. O significante-mestre não só institui um "outro lugar", que sendo ocupado por um "pequeno outro", adquire a função de um "escravo" ao qual lhe é imposto uma injunção ao trabalho, como também lhe indica uma relação a manter com o gozo. Ele sai à procura desses outros significantes que possam construir um *Saber*, que se torne equivalente à própria linguagem.

Essa condição de "escravo", no *discurso-do-mestre*, deve ser considerada no sentido que lhe é atribuído na dialética hegeliana, isto é, em oposição ao *senhor*, à moda antiga. Na cultura grega, enquanto o "senhor" não queria se ocupar de muitas coisas, preferindo ronronar em torno das piscinas e de seus banhos, ao "escravo", que muitas vezes chegava mesmo a fazer parte da família, atribuíam-lhe funções bem definidas, inclusive a de educador.

1 Lacan, J., Sem. XVII, *La psychanalyse à l'Envers*, aula de 14/01/1970. Versão não oficial.

Esse discurso, portanto, ao se reportar em sua história a Hegel, alude a essa relação entre o "senhor" e o "escravo", deixando para este último a tarefa de fazer surgir um *Saber*, em "outro lugar", que não do lado do "senhor". Mesmo assim, neste dispositivo linguageiro, o que preocupa ao "senhor" não é simplesmente o Saber que é produzido pelo escravo, mas um poder.

O que ele busca, portanto, é o poder e a ordem que pode adquirir através deste dispositivo linguageiro, para que as coisas funcionem ao seu gosto. Lacan ainda sinaliza para essa condição que, na modernidade, se esse lugar do "escravo" passou a ser ocupado pelo proletário, na família, quem veio ocupá-lo foi o próprio "pai".

O *significante-mestre*, ao dar seu sinal, determina que todos corram ao trabalho, visando produzir esse tipo de Saber que se escreve com [S_2], no lugar do "outro significante". Aqui, não se trata do "Saber inconsciente", mas de um tipo de "saber-fazer" que o escravo adquire com seu trabalho. Algo que se organiza através de uma articulação lógica que Lacan também formulou num enunciado emblemático – "o saber é o gozo do Outro".

No *discurso do mestre*, portanto, o gozo vem desse "outro lugar", já que é ele que tem os meios linguageiros possíveis. Lacan, por isso mesmo, também denominou esse lugar acima e à direita, de "lugar de gozo". E inferiu ainda que o escravo, por mais que trabalhe, existirá sempre uma *impotência* para que seu Saber possa ser todo apreendido pelo "amo". É um Saber que se adquire com limites.

Aqui, nesse artefato de linguagem identificado como o *discurso do mestre*, a fala transforma-se num instrumento de poder que, sustentada numa escritura, age sobre o "outro". Trata-se de uma operação em que se define a "conexão" significante [$S_1 \rightarrow S_2$] como ocupando uma posição que pudesse desenvolver um saber a mais ocupando o lugar da produção, abaixo e à direita. Um lugar em que o trabalho torna-se capaz de produzir uma *perda* que vem tomar o estatuto de objeto [*a*].

Essa função do objeto perdido, que é retirado do próprio texto de Freud, vai ser também tratada por Lacan como um imperativo ético que causa no *sujeito* uma *perda* radical de si mesmo. Algo que se metaforiza nessa "libra de carne" que se separa do corpo que o sustenta e que vem constituir-se como um *resto*, causa do desejo.

Lacan vai tratar ainda desta questão de uma maneira mais efetiva. A intervenção de [S_1] sobre o "outro lugar" [S_2], no *discurso-do-mestre*, determina não só uma perda, mas sobretudo uma *produção* que decorre desse trabalho que o escravo é forçado a fazer, pela injunção que o *significante-mestre* lhe causa.

O que é produzido como efeito do discurso vem ocupar essa "casa" que está à direita e abaixo da superfície que divide, em dois, esse lugar do "outro significante". Como me referi acima, essa produção adquire o estatuto de objeto [*a*] e se realiza como algo que é oferecido ao amo, ao senhor.

Essa *produção* contém também algo de sutil a ser considerado. Não se trata de um "objeto" em seu sentido tradicional, mas daquilo que permite "tetraedar estes quatro discursos", cada um a seu modo, diz Lacan.

Aqui, pode-se inferir que além do valor que o *discurso-do-mestre* teve para Lacan, utilizando-se de Hegel, ele possibilitou que lhe fosse agregado um outro valor. Tomou-o também por outro viés, aproximando-o a Marx, que "demonstrou – sem mostrar" a importância do que diz respeito à essa *produção.*

O que antes era considerado como uma "perda", agora passa a ocupar esse lugar como uma "mais-valia", que no plano social descreve uma renúncia necessária ao gozo. Como uma extensão, o que se realiza aí sob esse estatuto de *produção* e "mais-valia", passou a ser designado por Lacan como *mais-de-gozar.*

Dito de outra forma, o ato que produz o objeto [a] como *mais-de-gozar* não só comporta um dito sempre insuficiente em relação ao Dizer, ao real, que se mantém esquecido atrás do que se diz, como vai estar relacionado à noção de repetição. Uma condição que aparece para o *sujeito* como algo que ele mesmo resiste a perder.

Essa noção de repetição não significa algo do passado que se realiza no presente, mas algo que vem dar conta de um Dizer que insiste em corrigir uma *falta-de-ser*, uma *falta-de-saber*, ou mesmo, uma *falta-de-gozar*. Trata-se de uma insistência do Dizer que aparece velado na demanda[2]. Neste caso, o objeto [a] não só denota a presença de um buraco na estrutura, como realiza a suposição de uma demanda que faz parte da própria estrutura. Isto é, o objeto [a] é aquilo que "supõe de vazio uma demanda" e que, por isso mesmo, vem realizar a garantia de um desejo[3].

De uma maneira que se pode até considerar como paradoxal, o "amo" não se beneficia disso que o "escravo" lhe oferece como *produção* de seu trabalho. Em primeiro lugar, porque o "sentido do trabalho" – ainda que vise uma busca da verdade, já que é o objeto [*a*] que a constitui – de um ponto de vista discursivo, torna-se inacessível ao "amo" como causa do desejo. Cada vez que ele pensa tê-lo encontrado, o "objeto" escapa-lhe pelos dedos.

Em segundo lugar, existe uma *impossibilidade* estrutural e discursiva de que esse objeto *mais-de-gozar* possa ser aproveitado pelo "amo". Há uma disjunção que se escreve entre o *lugar da produção* e o *lugar da Verdade.*

Em nossa alegoria, no momento inicial da análise o que se realiza para o *paciente* é uma recusa de sua divisão estrutural, é uma recusa de que possa existir essa estrutura que o afeta como inconsciente. Por isso mesmo, o *lugar da Verdade*, abaixo e à esquerda, vai estar ocupado pelo *sujeito* [\$], que vem constituir-se como causa do próprio discurso. Pelo menos, é uma leitura possível extraída do texto de Lacan, quando afirma que "a verdade do mestre, não é nada mais que o sujeito"[4].

Ocupando esse lugar, o *sujeito* passa a ser representado pelo próprio significante UM [S_1]. De uma maneira paradoxal, mesmo que o significante UM [S_1] o represente, ele o faz deixando-o mortificado, petrificado no próprio ato de sua constituição. Ainda mais, guardando uma condição de ignorância em relação ao sentido das palavras que deverá proferir.

Neste dispositivo discursivo, pelo valor que a função do UM adquire no ensino de Lacan, deve-se abrir mão dessa condição de "entre-dois-sig-

---

[2] Lacan, J., *L'Étourdit*, Scilicet, n. X, Seuil, 1972. [24,44,50]

[3] Lacan, J, sem. XX, *Encore*, Seuil, 1975, p. 114.

[4] Lacan, J., sem. XXI, *Les non-dupes errent*, aula de 12/03/74. Versão não oficial.

nificantes" que possa definir e representar o *sujeito*, para considerar essa outra de um "UM-completamente-só", de "UM-dizer" que venha representá-lo.

Desta maneira, o *sujeito*, ocupando esse *lugar da Verdade*, revela o recalcamento do desejo e o próprio ocultamento da castração do "amo", intimando-o, por uma condição de discurso, a não ceder ao seu desejo. Assim, o "amo" não pode apreender ou mesmo compreender nada do que se constitui como sua verdade. Uma verdade que só pode ser dita pela "metade".

Tendo feitos estes comentários iniciais, vou matemizar o *discurso do mestre*, procurando retirar daí outras conseqüências, a partir de sua escritura:

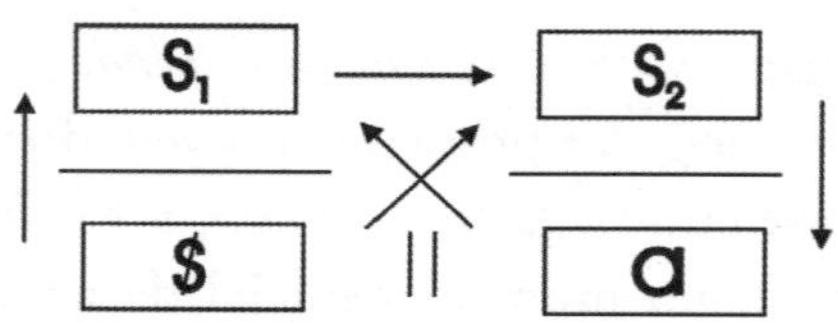

Aqui, como um corolário, o sujeito fica excluído de seu desejo, já que existe uma impossibilidade discursiva de se escrever esse artefato que sustenta o desejo e que se identifica como *fantasma fundamental* [$ → a]. Trata-se de um *discurso* que embora em "seu fundamento... é cego", pois sua verdade é oculta, isso não a esconde toda no discurso.

Nessa rede de significantes, como o *outro* ou os *outros significantes* não podem saber nada sobre o primeiro, Lacan insiste em afirmar que [S_1] não corresponde a uma representação do *sujeito*, mas que é seu representante.

Em segundo lugar, nesta relação [$ → S_2] a estrutura da linguagem aliena o sujeito e abre a possibilidade de que o Saber se realize como "meio de gozo", já que esta é a maneira de alcançar sua verdadeira definição. Isso quer dizer que [S_2], desde que venha ocupar esta "casa" que está acima e à direita, ele vem corresponder a algo que se desenvolve como uma questão a propósito do *gozo sexual*. Trata-se de uma condição onde não se pode responder a essa relação entre o *lugar do sujeito* e o *lugar do* "outro sexo", pois "não há proporção sexual" entre estes lugares que passam a ser ocupados, respectivamente, pelo *homem* e *amulher*.

Esse desencontro que aparece entre o homem e *amulher* e que se enuncia no aforismo "não há proporção sexual", como toda frase emblemática, precisa de um certa prudência para ser tratada. O "não há proporção [ou *relação*] sexual" é um enunciado que não corresponde à ausência de uma prática sexual genital, pois essa, de diferentes maneiras, existe. Aqui, deve-se atribuir a esse enunciado um estatuto lógico que obedece à função fálica ou, sobretudo, ao objeto (*a*).

Isso quer dizer que as condições do macho e da fêmea, que se utilizam de seus atributos físicos para realizarem práticas sexuais que vêm preservar a espécie, não correspondem, de um ponto de vista lógico, às posições do masculino e do feminino. Elas se inscrevem na linguagem através do que Lacan desenvolveu como as "fórmulas da sexuação".

Para não ficar "errando" diante de sua condição sexuada, pois existe um limite nesse Saber sobre o gozo, o *sujeito* busca através do Pai, ou mesmo da função paterna, uma resposta sobre esta questão. Lacan recorre, no curso do seminário "*A psicanálise pelo avesso*" [XVII], a várias figuras que vêm encarnar o Pai e que poderiam responder sobre o gozo. Fala de Deus, do "pai" que está além de Édipo, de Moisés e mesmo de Yahvé.

Aqui, a partir do *discurso-do-mestre*, o "Pai" é designado e passa a funcionar como um operador da própria estrutura da linguagem. Como aquele que está morto e, como tal, corresponde à mesma função do *significante UM* [S_1]. Isso quer dizer que é necessário a presença de uma ausência para que o "Pai" possa vir ocupar o lugar de origem no mito da constituição da estrutura e do *sujeito*.[5]

Em certo momento de seu ensino, Lacan retomou essa condição de um pai real, como agente da castração, não mais o relacionando ao "espermatozóide", como chegou a afirmar neste seminário, mas como aquele que tem a função de causar e articular a própria malha de significantes. Essa condição que veio relativizar a própria *função* do Nome-do-Pai, tratando-o como "os nomes-do-pai". Uma função que mais tarde adquiriu

[5] Quando se pergunta quem veio primeiro, se o ovo ou a galinha, a resposta deveria ser "o galo", o pai, aquele que nomeia.

uma posição de suplência a uma determinada falta que pudesse existir na estrutura.

Não se trata, simplesmente, de uma falta do Pai, mas de uma orientação, de que se possa passar por diferentes *versões do pai.* De que se possa ir com ele, além dele, numa condição de que se saiba "servir-se dele" ou até mesmo que se possa usar e abusar e, em seguida, deixá-lo.[6]

Desde as entrevistas iniciais, o analista se abstém de responder às demandas que são formuladas e dirigidas a este lugar que lhe é instituído como lugar do escravo. Isto é, um lugar onde tem agregado esta condição imaginária de que deva trabalhar, de que possa saber o que fazer para ajudar àquele que sofre e que pede uma cura.

Nesta posição, o analista procurando preservar e se utilizando de uma condição amorosa da transferência, propõe um novo dispositivo de discurso e de trabalho. Assim, sugere uma mudança de posição àquele que está sendo entrevistado, promovendo a rotação de "um quarto de volta" no discurso do mestre, num sentido destrógiro, isto é, seguindo a direção dos ponteiros do relógio.

Com essa "progressão", que corresponde de alguma maneira a toda mudança de discurso, as letras mudam de seus lugares e o *sujeito* [$] passa a ocupar o *lugar de agente*, realizando o *discurso do histérico.*

O discurso do Histérico

Aqui, quem vai ocupar a "casa" superior e à esquerda, nesse lugar também chamado "*desejo*", é o próprio *sujeito* [$].

Existe algo a se considerar quanto ao fato de nomear-se o *discurso* de "histérico" ou de se histerificar o discurso, na psicanálise. O *sujeito* não

6 Em diferentes momentos Lacan trata desta questão do Pai através de uma polifonia do significante – *père-vers* – tomando-o como "uma versão" ou numa "uma posição perversa" (v. Lacan, J., sem. XXII, *RSI*, aula de 08/04/75 e sem. XXIII, *Le Sinthome*, aulas de 21/01 e 08/04/1975). Versões não oficiais.

ocupa esse *lugar de agente* como portador de uma "patologia", como algumas vezes se pode querer interpretar. Ele o faz com sua divisão subjetiva, com seu desejo e, sobretudo, com seu sintoma, em torno do qual se ordena o próprio *discurso.*

Desta maneira, as diferentes posições subjetivas do sujeito neurótico passam a ser referidas a esse dispositivo discursivo, que pode ser identificada inclusive na cena social. Alguém se dirige a um "outro", queixando-se de seus sofrimentos, à espera que este "outro" possa lhe dizer algo que venha aplacar, minorar ou mesmo curar seus sintomas.

Esta situação constitui-se sempre numa condição de risco, pois este conselho que é dado e que até mesmo segue o senso comum pode, se buscado, pode piorar seu sofrimento. A psicanálise tem revelado que o sujeito neurótico sustenta e repete seus sintomas na busca de realizar um desejo inconsciente que se mantém sob a forma de um compromisso de gozo que ele não sabe qual é.

Aqui, nessa posição de *dominância*[7], o sujeito vem determinar os elementos que passarão a ocupar os outros lugares e instituir as relações que irão produzir esse novo discurso:

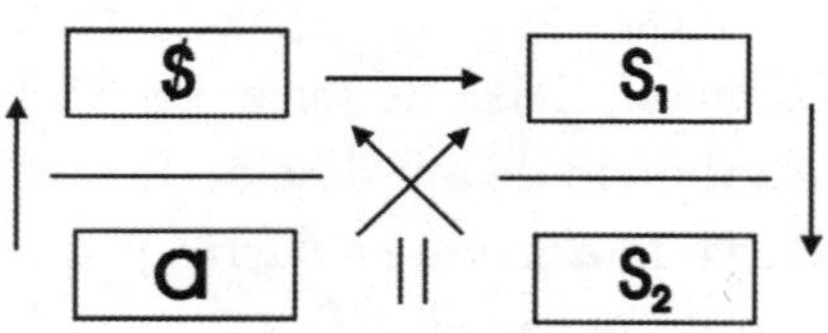

No *discurso do histérico,* portanto, como está escrito, o *sujeito* busca o *significante-mestre,* [$\$ \rightarrow S_1$], intervém sobre ele, que ocupa o lugar do "outro significante" ou esse "outro lugar", acima e à direita, intimando-o, convocando-o a trabalhar. Uma condição que determina uma disposição favorável também à transferência, tornando o *sujeito* facilmente sugestionável como futuro analisante.

[7] *Desejo, dominância, semblante,* são outras designações que Lacan foi dando a este *lugar de agente.*

Dito de outra forma, desse lugar, o *sujeito* coloca seu desejo e seu sintoma em questão, exigindo continuamente do mestre, que segue o significante que o qualifica [S_1], que trabalhe. O *sujeito* busca do mestre um Saber sobre o gozo de seu sintoma ou mesmo um Saber sobre seu sofrimento.

De uma maneira que se pode considerar até mesmo paradoxal, apesar de produzir-se um Saber [S_2] sobre seu sintoma, o sujeito na condição de analisante continua ignorando o real (*a*) que causa seu sofrimento. Aqui, a causa de seu sintoma e do próprio discurso mantém uma disjunção com esse Saber produzido. Isso quer dizer que mesmo existindo uma verdade no sintoma, o analisante não pode tê-la inteiramente revelada.

Existe ainda algo de ambíguo a se considerar. O *sujeito*, ao ocupar esse lugar de desejo, desafia a própria autoridade do mestre, do médico, muitas vezes do analista. O *discurso do histérico* ainda revela essa relação do Saber do mestre com o gozo, pois o que o mestre produz como Saber está localizado nesse "outro lugar", que Lacan também nomeia de "gozo". Por isso mesmo, o Saber que é realizado pelo mestre, neste "outro lugar", não lhe serve. É um Saber a menos que o histérico, que a histérica [Lacan sempre tende a feminilizar a posição] não se contenta.

Aqui, desde que o mestre foge às regras e trabalha, o histérico [Lacan o feminiliza] se desescraviza, deixa de ser escravo[8]. Ele passa a ser agente de um discurso que é animado de um desejo, de um "desejo de saber" que vem revelar a impotência do *discurso do mestre*, já que esse procura colocar seu trabalho no campo da pedagogia. É isso que ele [ou ela, a histérica] não quer.

Por isso mesmo, a histérica, ao intervir com seu desejo, seu sintoma e sua divisão subjetiva sobre esse "outro lugar", esse buraco que tem nome e forma de (*a*) e que tem o *significante-mestre* [S_1] como função limite, ocupando esse lugar, produz-se um novo tipo de *Saber*, revelado por Freud. Refiro-me, ao *Saber inconsciente*, que passa a ocupar o *lugar da produção*, à direita e abaixo, e que é denotado por [S_2].

---

8 Lacan, J., sem. XVII, *La psychanalyse à l'Envers*, aula de 18/02/1970. Versão não oficial.

Freud, por ter identificado nos histéricos esse "outro saber" que simbolizava seus sofrimentos e suas insatisfações, fundou a psicanálise. Lacan, por sua vez, tendo extraído no início de seu ensino os fundamentos da psicanálise da lingüística estrutural, fez convergir, inicialmente, o discurso da psicanálise com o discurso da Ciência.

Assim, esse sujeito da ciência que está ao lado do discurso do mestre é o mesmo responsável pela *práxis* psicanalítica. Um enunciado que de alguma maneira coloca um paradoxo que nasce com a idéia de que a psicanálise opera sobre um *sujeito* que é identificado, de início, como o sujeito da ciência e com o qual mantém uma alteridade.

É interessante observar que, a partir do desenvolvimento que propôs com os discursos e com essa noção de um "desejo de saber" somente realizado no *discurso do histérico*, Lacan tornou-o equivalente ao discurso do analisante. E, em seguida, atribuiu-lhe o estatuto do próprio discurso da Ciência.

Aqui, uma outra questão a se levar em conta é que a insatisfação do desejo da histérica nasce dessa pergunta que ela mantém sempre em suspenso, uma pergunta que mesmo não se calando, não encontra sua resposta. Se ela procura saber o que é ser o homem e uma mulher, ainda busca algo sobre o que vem a ser a relação sexual: "como um sujeito pode sustentá-la ou... não pode sustentá-la".

Neste caso, para [não] ter uma confirmação de sua resposta, deixa esse saber ao "Outro", como um *Saber* recalcado e estranho a si mesmo, como um *Saber* ex-cêntrico.[9] Isso quer dizer que é a partir da intervenção sobre esse "outro lugar", que está ocupado pelo significante-mestre, que se vai produzir o *Saber inconsciente* [S_2].

Trata-se de um *Saber* [S_2], portanto, que se realiza de uma forma "pontual e evanescente", nesse *lugar da produção* [à direita e abaixo]. Ele vem se constituir num enigma, isto é, numa enunciação que se mantém à espera de um enunciado que possa dar conta da *hystória do sujeito* que vai ser reescrita com letras que o analisante se faz depositário.

---

9 Lacan, J., sem. XVII, *La psychanalyse à l'Envers*, aula de 18/02/1970. Versão não oficial.

A "hystória do sujeito" alude ao *lugar da Verdade* [à esquerda e abaixo] que passa a ser ocupado pelo objeto (*a*), *mais-de-gozar*. Aqui, pode-se dizer que o *sujeito* não só tem como causa do seu desejo o *objeto* (*a*), como este "objeto" também o constitui como um *sujeito dividido* [*$*].

Essa ex-sistência que se inscreve como (a) no *lugar da Verdade*, possibilitou à Lacan interrogar de diferentes maneiras essa condição *impossível* do real. De um lado, justificou essa posição da psicanálise que revela uma fraternidade entre a posição da *Verdade* em relação ao gozo, referindo-se à "verdade [como] irmã de gozo".

Por outro lado, considerou também as religiões, os fenômenos políticos ou mesmo a magia, como maneiras diferentes de tratá-lo. Como uma presença do real, mesmo que o *sujeito* não saiba aquilo que o determina, ele é determinado como *sujeito* pelo objeto (*a*).

Aqui, é interessante observar que, pela afinidade que o *objeto* [*a*] mantém com as vestimentas que o envolve – i(a) e $◇a – essas montagens vêm constituir esses dois imaginários que revelam toda a importância que o corpo tem para o histérico e para a psicanálise.

Quer em sua dimensão imaginária ou simbólica, mas, sobretudo em sua consistência do real, já que este parêntese que envolve – (*a*) – quer dizer isso, (*a*) é do real, assegura Lacan. Sem o corpo e sem o real, a psicanálise não caminha, transforma-se em palavra vazia. E as histéricas, desde sempre, souberam disso.

Essa condição de alguma maneira relaciona-se também com os dois tipos de Saber que se realizam na psicanálise. Um produzido pelo mestre e que ocupa o lugar do "outro significante". Um outro, esse Saber inventado pelos histéricos e que se manifesta no *lugar da produção*. Uma idéia que desde cedo já aparecia nos textos de Freud.[10]

A criança no centro de suas teorias sexuais infantis, diante da diferença sexual, diante do impossível do sexo, pára de pensar ou mesmo foraclui [Freud usa nessa oportunidade o significante *Verwerfung*] a idéia de que o

[10] Freud, S., Sobre as teorias sexuais das crianças, Imago, vol. IX, 1976. Algumas conseqüências psíquicas da distinção anatômica entre os sexos, Imago, vol. XIX,, 1976.

corpo da mãe não tem pênis. Ele chega mesmo a "falsear sua percepção", construindo uma certeza de que a mãe tem ou já teve um pênis.

A idéia de Freud é que as diversas teorias sexuais, ou mesmo as teorias em geral, são causadas a partir dessa condição *impossível* que se constitui no gozo do "*Outro* real". Nestas condições, o sujeito procura se proteger, fazendo borda a esse "horror" que é o gozo desse *Outro* que nem mesmo existe.

Em Lacan, essa noção da "produção do Saber" que aparece com a *noção dos discursos*, será retomada mais tarde, no seminário XXI – *Les non-dupes errent* (73/74). Nessa ocasião, atribui ao real essa condição de ser "um nódulo, um caroço em torno do qual o pensamento borda"[11] e que, por isso mesmo, é preciso dar toda importância *"a essa dimensão do saber, e também de se aperceber que, que não é o desejo que preside o saber, é o horror".*[12]

De início, portanto, existe esse lugar de horror que pode ser concebido como um "saber no real". É ele que vem determinar uma injunção a que se invente um "outro saber", um saber sem sujeito, um "não saber" sobre o gozo que possibilita em ato, momentos de subjetivação. A partir daqui, Lacan passa a afirmar a condição do inconsciente de ser concebido através de um aforismo – "o Saber se inventa" –, a partir de um real esburacado que pode produzir diversas leituras do *sujeito*, cada uma delas diferente da anterior.

Colocando-se à mesa estes dois tipos de Saber, aquele do enigma e da *hystória* do sujeito, em oposição àquele da história e dos "fatos", pode-se perguntar qual a relação que a psicanálise manteve com as ciências, nesse século de existência? Ou mesmo qual dos quatro discursos contempla o que se considera como discurso das ciências?

Mais uma vez Lacan encaminhou sua resposta e aqui, também, de uma maneira não unívoca. De início, considerou a Ciência como tendo sido fundada, no início do século XVII, com uma natureza mítica. Em se-

---

11 Lacan, J., sem. XXIII, *Le Sinthome*, aula de 16/03/76. Versão não oficial

12 Lacan, J., sem. XXI, *Les non-dupes errant*, aula de 09/04/1974. Versão não oficial.

guida, considerou-a como fundamentando-se na percepção e em deduções estabelecidas a partir de um tipo de raciocínio lógico-dedutivo, desenvolvido por Descartes.

Desde aí, especulava-se um tipo de Saber sobre o mundo ou mesmo algo que fizesse surgir no mundo coisas que até então não existiam no plano de nossa percepção. Era Deus quem dava a garantia para esse Saber.

Todavia, quando ocorreu esse deslocamento do "geocentrismo" de Copérnico, para o heliocentrismo de Galileu, em relação ao movimento dos astros e, logo em seguida, para o movimento elíptico de Kepler, Lacan o tomou como um momento de ruptura nas ciências. Chegou a afirmar que seria conveniente, para se considerar a razão fundadora da Ciência, que não se ficasse preso ao que estava em volta de *"nossa terra, de atmosfera, de estratosfera, de tudo o que queiram de esferizado... ou do que se possa apreender sobre as partículas..."*.[13]

O que se deveria levar em conta era a procura de um Saber, que se desenvolvesse com a manipulação do número como tal, e de uma busca de formalização da verdade que se construía sob o nome de *axiomas*. Tirou-se o monopólio e a garantia da verdade que até então eram atribuídos a Deus. Não mais, se recorria às religiões nem mesmo à magia para se assegurar da eficácia da verdade.

Com isso, passou a existir uma nova relação entre o Saber e a verdade. Até então, o Saber esteve sempre do lado do escravo, como um "saber-fazer" que revelava sua habilidade e competência para tratar com os objetos e as coisas da natureza. A filosofia e, mais tarde, o próprio discurso do universitário encarregaram-se de extrair a essência desse "savoir-faire" do escravo, que através de seu "trabalho forçado" poderia levar a uma suposta transparência do "objeto" em nosso mundo.

Esse "saber do escravo" foi transmudado num outro tipo de Saber. Um saber autônomo, um saber teórico transmissível, submetido ao "crivo universitário" e através do qual se poderia dominar a natureza.[14] Organiza-

---

[13] Lacan, J., sem. XVII, *La psychanalyse à l'envers*, aula de 20/05/1970. Versão não oficial.
[14] Lacan, J., sem. XVII, *La psychanalyse à l'Envers*, aula de 26/11/1969. Versão não oficial.

va-se um "saber de mestre" e a ciência procurava se afastar do mito da forma, da substância e mesmo do conteúdo, produzindo algo que se revelasse diferente até então das teorias do conhecimento. Essa é uma outra leitura que possibilitou a Lacan identificar durante um certo período o discurso das ciências ao *discurso do mestre.*

Durante muito tempo, a relação entre a verdade e o saber corria num mesmo trilho; eles caminhavam para formar uma unidade. Enquanto a verdade definia uma adequação entre o pensamento e a *Coisa*, o saber era usado a serviço da verdade, para dar razão às crenças comuns que se tinha sobre os objetos e as coisas da natureza.

Com o aparecimento do discurso científico, no entanto, introduziu-se um terceiro termo entre a verdade e o saber: a Ciência. Assim, verdade e saber não mais se recobriam. Eles passaram a ocupar posições antinômicas, construindo um tipo de discordância, uma disjunção que veio fazer eco para a invenção da psicanálise.

Se para Freud, o equivalente desta discordância entre o saber e a verdade se fez num corte entre o pensamento e a Coisa (Das Ding), com Lacan, correspondeu a uma clivagem entre o pensamento e o próprio *sujeito.* Dito de outra forma, nessa zona limite entre a verdade e o saber, que veio fundar a Ciência como um *discurso*, instituiu-se um espaço topológico que possibilitou um certo número de relações estáveis, de onde se extraiu essa função "sujeito".

Para Lacan, esse sujeito da ciência que se expressava numa extensão do enunciado cartesiano "aí onde eu penso, eu não sou... aí onde eu sou, eu não penso", se está do lado do *discurso do mestre.* É um discurso também responsável pela práxis psicanalítica, ainda que possa parecer paradoxal, como me referi acima.

Esse comentário coloca uma questão: quais são as vicissitudes desse sujeito nestes dois discursos? O que diferencia o discurso da ciência do discurso psicanalítico, em relação ao sujeito do inconsciente?

Mais uma vez será necessário tomar posição. Em primeiro lugar, estes dois discursos, o da Ciência e o da psicanálise, convergem para um lugar comum. Eles são alimentados por um real que se constitui com essa modalidade do *impossível.* Assim, o real, mesmo fazendo parte de um campo formalizado da verdade e que não possa ser falado, ele passa a ser escrito com pequenas letras.

Dito de outra maneira, embora os discursos das ciências e da psicanálise possam ser escritos com "pequenas letras", elas não têm o mesmo valor para ambos. Como já me referi anteriormente, para as ciências, desde que as letras mantêm uma relação unívoca, elas tendem e podem definir uma relação que se expressa na proposição x=x.

Em geral, por uma questão de método, as ciências procedem da tentativa de reproduzirem sempre os mesmos resultados, independente de seu autor. Um fato que busca contemplar essa condição da "universalização" das ciências e que tem sido modificado a partir do desenvolvimento da física quântica. Com isso, o critério de cientificidade, que corresponde à reprodutibilidade das experiências, foi ficando excluído para alguns de seus fenômenos.

Isso quer dizer que nem sempre as mesmas causas geram os mesmos efeitos. Assim, na pós-modernidade, buscou-se a possibilidade de se demonstrar, a partir de cálculos ou operações literais, a realização de uma "flutuação estatística" em seus resultados. A Ciência deixou de ser "exata".

Desde que o sujeito passou a fazer parte, como operador, desse dispositivo, matemático ou literal, que agencia as montagens físicas e as medidas destas operações, suspendeu-se a independência entre o sujeito e seu achado. Essa condição foi tratada em certo momento, na Física, pelo "princípio da incerteza" de Heisenberg.

Algo que veio colocar um tipo de "paradoxo da realidade" em relação à dupla qualidade da luz. De uma maneira experimental tem sido possível determinar que a luz é corpuscular ou ondulatória, dependendo de quem e do que se queira demonstrar.

Quer se leve em conta essa "universalização" dos fenômenos ou esse "universo probalitário" onde o sujeito está implicado, a Ciência caminha com o *discurso do mestre* que se alicerça e tem sua disposição fundamental no *discurso do universitário*. Para se inscrever nessa tipologia e topologia dos discursos, a Ciência foi colocada por Lacan, inicialmente, sob essa escritura que ilustra um "saber sem cabeça", produzindo uma verdade do mestre e excluindo o sujeito.

No discurso das ciências, portanto, há uma eliminação do sujeito, um tipo de apagamento, um "esquecimento" do sujeito, uma "foraclusão do sujeito", como afirmava Lacan. Assim, mesmo que o mestre não esteja presente, permanece um imperativo categórico de seu discurso – *continua a saber*. É impossível deixar de obedecer à injunção que se inscreve no lugar do que é a verdade da Ciência.

Com a psicanálise, deve-se considerar uma "infração à regra" essa função do significante de significar a si mesmo. Isso quer dizer que não se pode estabelecer essa equação da igualdade de x [x = x]. O primeiro x não é igual ao segundo que se escreve, já que ele não é significado por sua repetição.

Com a própria noção de *lalíngua* e com o desenvolvimento que fez com a função do UM, talvez ainda se possa dizer que essa "infração à regra" não só ocorre com o significante, mas com a própria letra. Nessa tomada da psicanálise pelo avesso, Lacan chegou mesmo a estabelecer uma equivalência entre o significante e a letra.

Considerou o

> *"fato de todo significante, do fonema à frase, poder servir de mensagem cifrada [...] que ele se destaca como objeto e que se descobre ser ele que faz com que no mundo do ser falante haja o UM, isto é, o elemento, o stoikeion do grego",* [15]

tornando-se, portanto, equivalente à letra. Mais tarde, nas conferências que fez nos EUA, ele afirma textualmente que "o significante é a letra".

A essa altura, qual a posição do sujeito das ciências e o sujeito no *discurso do histérico*, em relação ao *Saber*? Dito de outra maneira, qual é a relação que se pode estabelecer entre o sujeito das ciências e o "desejo de saber", que se realiza no discurso do histérico?

Para alimentar estas questões, vou levar em conta o momento em que o sujeito é tomado pela palavra. Todo discurso mesmo constituindo-se sem palavras, ele se manteve, num primeiro momento do ensino de Lacan,

[15] Lacan, J., *Télévision*, Autres écrits, Seuil, Paris, 2001 p. 516.

relacionado à fala, isto é, mantendo o *lugar de agente* do discurso relacionado à função da fala.

Refiro-me aqui, a "um primeiro momento", pois Lacan nos anos setenta, a partir do seminário XVIII, vai propor uma modificação estrutural em relação ao que havia apresentado até esse momento, desenvolvendo uma noção de *semblante.* Uma condição que coloca o objeto numa zona limite entre o simbólico e o real[16].

Nesse primeiro período, nesse dispositivo topológico dos discursos, o *lugar de agente* inaugurava os discursos e intervinha sobre o "outro lugar", sustentado num poder que lhe era atribuído pela própria função da fala, a partir do *discurso do mestre.*

Com essa noção de *semblante,* Lacan desloca a função da fala, para atribuir uma importância à letra e à escritura, que passam a ter conseqüências na renúncia ao gozo que o discurso institui. Uma condição que vem fortalecer a proposição da psicanálise como "um discurso sem palavras"[17]. Um discurso, portanto, não se define pelo que se fala, mas ao contrário é o efeito do discurso que produz a fala, o enunciado.

Feito este pequeno desvio, vou colocar uma questão: em que o *sujeito* no discurso das ciências se diferencia do *sujeito* da psicanálise, "ao ser tomado pela palavra"?

Aqui é preciso considerar duas posições de Lacan. Uma delas, quando afirmava que no *discurso do mestre,* o significante UM [S_1] faz função de significante do poder que vai intervir sobre o *Saber* nesse lugar do "outro". Um *Saber,* colocado acima e à direita, equivalente a um conhecimento que se pode imaginariamente "esgotar" pelo trabalho e pode ser acumulado e transmitido.

Nesse *lugar de agente,* mesmo que o *significante-mestre* faça essa injunção ao "outro" – *continua a saber* – o *sujeito,* ocupando o *lugar da Verdade,*

---

16 Lacan, J., sem. *O Saber do Psicanalista* (1971/72), aula de 02/12/1971. Publicação para circulação interna do Centro de Estudos Freudianos do Recife, 1997.

17 Lacan, J., sem. XVI, *D'un Autre à L'autre,* aula de 27/11/68. Publicação interna da Association Lacanienne Internationale.

como não é alimentado por nenhum vetor, cala-se. A Ciência, portanto, faz o real se calar e, por isso mesmo, quando se quer pegá-lo, tem-se que ir atrás dele.

Como um corolário, a causa do desejo fica esvaziada. Deixa de existir um "desejo de saber" no pesquisador, no cientista.[18] A Ciência não quer saber nada da verdade, como causa.

A segunda posição de Lacan corresponde a algo que sempre esteve presente em suas idéias e diz respeito também a estas relações entre a psicanálise e as ciências. Se ele pôde dizer, de diversas maneiras, que o discurso da psicanálise não era científico ou que jamais a psicanálise seria uma ciência, não se tratava de uma desvalorização do discurso analítico. Ele procurava colocá-lo numa posição que viesse instituir limites às ciências.

Na psicanálise, quando o *sujeito* ocupa o *lugar de agente* [ou de desejo, ou de dominância], entra no discurso analítico com sua divisão estrutural, com seu sintoma e na posição de analisante. Numa posição, portanto, equivalente àquela do *discurso do histérico*. Nessa condição, como já me referi outras vezes, o *lugar da Verdade* habitado pelo real, que toma a forma e nome de (*a*), não pára de não insistir.

Esse fato de estrutura e de discurso causa no *sujeito*, como analisante, um impulso a interrogar o *significante-mestre*, no *lugar do "outro"*. Vai fazê-lo trabalhar, vai buscar a *produção* de um outro *Saber* [S_2], que vem ocupar a "casa" à direita e abaixo, na tétrade dos discursos. Um *Saber* que tem como sua eficácia maior a idéia de uma "invenção".

Assim, Lacan abre mão da equivalência entre o discurso das ciências e o *discurso do mestre*, para atribui-la com o *discurso do histérico*. Dito de outra forma, o *discurso do histérico* constitui-se num dispositivo que passa a recolher esse efeito de verdade que responde à *produção* de um novo Saber [S_1 / S_2], que vai ocupar o *lugar da Verdade*, como um progresso no *discurso do analista* [a / S_2].

18 Lacan coloca esta questão de uma maneira incisiva, pois não existe *desejo de saber* também no discurso do universitário, nem mesmo no discurso do analista.

Um Saber, portanto, diferente daquele das ciências. Esse "novo tipo de saber", elaborado pelo *discurso do histérico*, impõe seus limites e faz seu progresso. Quanto aos limites, mesmo que se possa falar do *sujeito* da psicanálise como equivalente ao sujeito das ciências, ele não pode ser produzido ou tratado pelo saber universitário ou mesmo pelo saber do mestre, desde que para ambos, o *sujeito* não conta.

Quanto ao progresso, Lacan considerou que foi o *discurso do histérico* que deu sentido ao que Marx articulou, de que existem acontecimentos históricos que só podem ser julgados em termos de sintomas. Algo que permitiu a passagem decisiva para o *discurso do analista.*

Mais tarde, em seu ensino, essa posição do Saber, no *lugar da Verdade*, possibilitou um outro desenvolvimento. Lacan, a partir da topologia [sobretudo com os nós borromeanos], considerou que a prática analítica deveria levar o *sujeito* a produzir uma outra "ficxão"[19] do real. Deveria levá-lo a construir "ficxões" de Saber que pudessem dar conta do real e construir maneiras de se defender dele. Algo que estaria também vinculado a uma "*vari[e]dade*"[20] da verdade.

Uma posição diferente daquela das ciências, onde o real se cala, e das religiões, onde o real é transformado no "destino" e o *sujeito* tem que aceitá-lo como uma obediência a Deus. Na psicanálise, portanto, o real não dá as costas ao *sujeito*, não lhe dá férias, não lhe dá tréguas, sempre o encontra e constitui-se na causa de seu sofrimento.

Após estes comentários, vou sugerir mais um giro de "um quarto de volta" no *discurso do histérico*, num sentido destrógiro, promovendo uma passagem para o *discurso do analista.* Todavia, como Lacan afirmou em *Radiofonia* que "o *discurso do universitário* é esclarecido por seu progres-

---

19 Neologismo introduzido por Lacan, que joga com a homofonia de ficção, fixação e ainda de fissão.

20 Lacan cria este neologismo – "varité" – condensando duas palavras, ["la vari(é)té"], a "vari(e)dade" com "um pequeno [é] engolido" e ["la vérité"], "a verdade", para referir-se a uma "variedade da verdade" [V. sem. XXIV, *L'insu que sait de l'une-bévue s'aile à mourre,* aula de 18/04/77. Versão não oficial.

so, no *discurso do analista*"[21], vou inverter a ordem e deixar o discurso do analista para depois.

Assim, vou tratar, em seguida, do *discurso do universitário.*

O Discurso do Universitário

Mais uma vez, partindo-se do *discurso do mestre*, vou aplicar um giro de "um quarto de volta", no sentido levógiro, portanto, contrário ao movimento dos ponteiros do relógio, para chegar ao *discurso do universitário.* Talvez o que tenha sido menos trabalhado por Lacan e do qual, disse ele, "falei muito mal".

Com esse quarto de giro realizado, o Saber [S_2] vem ocupar o *lugar de agente.* Um Saber que encontra sua verdade na relação aos mestres, "aos mestres-para-pensar" que condicionam seu próprio valor.

Esse Saber revelado pelo trabalho do "outro" – o escravo – e apropriado pelo *discurso do mestre*, é colocado na posição de *dominância* e passa a ser matemizado pela seguinte escritura:

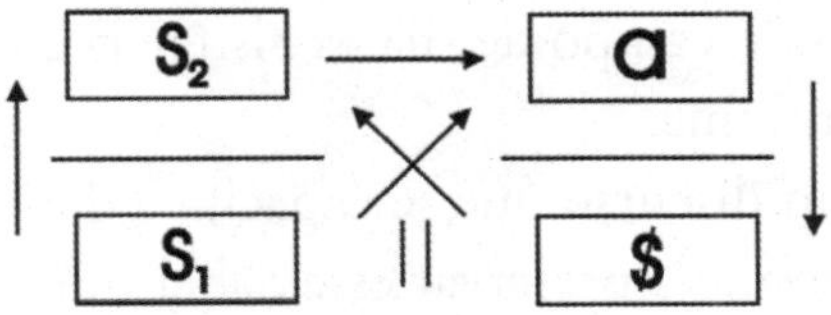

No *discurso do universitário*, portanto, o Saber [S_2] é recolhido sob a forma de um conhecimento organizado e cumulativo, capaz de converter-se até mesmo numa burocracia. Aqui, do lugar de *semblante*, ele vem determinar as outras posições desse dispositivo de "quatro patas" e as relações entre estes lugares.

De sua "casa", acima e à esquerda, o *Saber* [S_2] intervém sobre o lugar do "outro significante" ocupado por [*a*], que passa a ser tratado como um *a-estudante* a ser educado e

[21] Lacan, J., *Radiophonie*, Scilicet, n.2/3, Paris, Seuil, p. 99.

"explorado pelo discurso universitário [...]. Um lugar que está em jogo cada vez que isso se mexe, o lugar da exploração mais ou menos tolerável"[22].

Diferente do que se imagina, o Saber neste lugar exclui também o "desejo de saber", de uma maneira equivalente ao que acontece com o *discurso do mestre* [onde o Saber trabalha] ou até mesmo no *discurso do analista* [onde ele se realiza como uma "ficxão"] – "Saber, no *lugar da Verdade*".

Aqui, no *discurso do universitário*, o *Saber* já se constitui como algo que é dado pela intervenção do mestre e, desse *lugar de dominância*, busca comandar o "objeto" *mais-de-gozar*. Além disso, como um *Saber* organizado, ele passa a desempenhar uma condição conservadora e capaz de fazer obstáculo até mesmo à *produção* de novos significantes, chegando mesmo a submeter e conduzir aquele que o produz – o mestre.

É o *discurso* que procura dar uma roupagem ao que é "natural". Por isso mesmo, o mundo que se ordena em sua referência como um Saber das ciências, nesse *lugar de agente*, tende a acomodar as coisas. Uma condição essencialmente diferenciada do *im-mundo* do sujeito da psicanálise, já que neste caso quem causa o campo de sua ex-sistência é o próprio objeto [*a*], que o deixa em desarmonia.

Além disso, é um discurso que se capacita a dar títulos, a dar importância ao autor ou mesmo a preservar esse Saber que está sempre acompanhado do nome de um autor. Isso quer dizer que aquele que detém o Saber nessa "agência", torna-se capacitado a ensinar, a tornar-se "ensinante" daqueles que ocupam a posição do "outro". Uma condição que interroga, mais uma vez, uma das profissões *impossíveis* de Freud.

Duas questões a considerar. A primeira, refere-se a esta condição em que o *discurso do universitário* procura recuperar esse objeto *mais-de-gozar* que aparece como uma "*produção*" do *discurso do mestre*. São pedaços do real que ocupam esse "outro lugar", escritos com pequenas letras [*a*] que se

---

[22] Lacan, J., sem. XVII, *La psychanalyse à l'envers*, aula de 10/06/1970. Versão não oficial.

tornam inacessíveis ao *sujeito* e, por isso mesmo, um Saber que não pode ser "todo" ensinado por mais que se idealize fazê-lo. Sempre sobra algo.

A segunda, o Saber nesse *lugar de dominância* determina uma injunção de trabalho a quem ocupa esse "outro lugar", como "objeto": o *a-estudante.* Aí, mesmo sob esse estatuto de *mais-de-gozar*, ele passa a ser tratado como um "pequeno outro" que tem como aposta uma *produção* de sujeitos, com unidades de valor que podem conferir uma *mais-valia*, já que o *sujeito* ocupa o *lugar da produção* [à direita e abaixo].

No entanto, é preciso considerar que o *discurso do universitário* desreconhece que o *significante-mestre*, o significante primordial [S_1], ocupando o *lugar da Verdade* [à esquerda e abaixo], está recalcado. Como tal, torna-se impossível ao *sujeito* alcançá-lo e tomá-lo como uma referência simbólica, isto é, como elementos de sua "hystória". Isso diz respeito a essa disjunção estrutural entre o *lugar da produção* e o *lugar da Verdade* [$\$ \rightarrow \| S_1$].

Desta maneira, deve-se considerar que o *discurso do universitário* traz a marca de seu equívoco. O Saber, à medida que ocupa esse *lugar de dominância*, converte-se num enunciador, num "porta-voz" – talvez seja melhor dizer num "porta-palavra" – no ensinante de um Saber produzido pelo mestre, que em nenhum momento pode ter acesso a essa posição onde se encontra sua verdade.

Essa condição discursiva, embora não pare de transmitir um Saber, ignora a divisão do *sujeito* e a ex-sistência do *saber inconsciente*, um *não saber* sexual que está implicado à própria verdade do *sujeito.* O que se enuncia no *discurso do universitário* em nenhum momento mantém relação com o *sujeito*, pois o que se ensina aí não lhe diz respeito. Trata-se de um "enunciado universitário de uma filosofia qualquer", diz Lacan[23].

Dito de outra forma, o *significante-mestre* faz o valor do Saber que alicerça os discursos das ciências, que não é nada mais que um seguro de vida, onde a morte se inscreve como uma probabilidade verdadeira. No entanto, existem pessoas que se recusam a contratar estes seguros. Elas es-

[23] Lacan, J., Sem. XVII, *La psychanalyse à l'envers*, aula de 21/01/1970. Versão não oficial.

peram da morte uma verdade que se inscreva de uma outra maneira, como no discurso

"do mestre ... que se cremos em Hegel, se fundaria da morte considerada como risco [ou mesmo] no do universitário, que se diverte da memória eterna do saber"[24].

E ainda mais, por uma condição de estrutura, como o *discurso do universitário* "só se ocupa de seus interesses", Lacan chegou a aproximá-lo, sem se tratar de uma questão pejorativa, à "canalhice".

Com essa "odioamoração" do *discurso do universitário* ao Saber da psicanálise, pode-se promover mais uma vez um giro de "um quarto de volta" no sentido levógiro, isto é, no sentido inverso aos ponteiros do relógio, para se chegar ao *discurso do analista.*

O Discurso do Analista

Se Freud fundou a psicanálise, foi mérito de Lacan, a partir de sua prática clínica, produzir e escrever o *discurso do analista,* através do qual pôde deduzir e revelar os outros discursos.

Afirmei, anteriormente, que esta noção de *discurso* abole a diferença entre o público e o privado, já que se trata de algo que concerne aos efeitos destas estruturas literais sobre o *sujeito.* Isso que se inscreve como letra, esse instrumento de leitura do real, que atua sobre a superfície do corpo, a partir de sucessivas voltas dos ditos que serão recolhidos durante a análise, já que o analisante ou o corpo que sustenta o analisante é seu depositário de *lalíngua.*

Esse fato de estrutura e de discurso vai permitir diferentes leituras do real que causa o sintoma. Ou melhor, vai possibilitar uma "*vari[e]dade*"[25] de leituras do sinthoma, isso que se revela como um meio de gozo que ultrapassa aquele que lhe é portador. Dito de outra forma, o que o analisante

---

[24] Lacan, J., *L'étourdit*, Autres écrits, Seuil, Paris, 2001, p., 475.

[25] Ver nota 20, desse capítulo.

diz não deve ser considerado como uma verdade, mas como algo que faz parte desta "*vari[e]dade*" de ficxões do saber.

Para seguir com o *discurso do analista*, pode-se até mesmo recusar uma outra divisão que muitas vezes se procura fazer entre a prática e a teoria. Uma oposição que Lacan colocou-se contra, desde cedo, em seu ensino.

De um lado, a *prática*, regida em sua essência por uma ética que não tem a ver com a boa ou a má vontade do analista, nem com suas boas ou más intenções. Na psicanálise em intenção encontra-se relacionada à letra, à fala, à poesia, ao amor, prescindindo dos "valores éticos" da cultura e mesmo da propaganda. Trata-se de algo, portanto, que mantém relações com a própria estrutura discursiva.

Quanto à *teoria*, mesmo que implicada à prática analítica, ela aparece do lado da representação e dos modelos, procurando organizar as idéias ou acalmá-las. É a *teoria* que busca tornar *avida* suportável para o sujeito, tornando-o muitas vezes sonolento em relação ao real. Por isso mesmo, está relacionada às opiniões e à propaganda.

Mais do que isso, quando ela deixa de se sustentar na prática da análise em intenção e busca uma aproximação com as ciências, com as religiões, ou mesmo com outros discursos, aponta para o sujeito uma perspectiva de "normalização" mental que se distancia da psicanálise e passa a ser regulada por esta dicotomia que bascula entre o "normal e o patológico". Uma condição que foi também recusada por Lacan.

Apesar destes comentários anteriores que as separa, existe algo de essencial a se considerar. Ainda que traçando caminhos diferentes, a prática e a teoria são alimentadas por uma única causa, por uma mesma origem: a ex-sistência do real. Assim, tanto uma quanto a outra são orientadas por um sistema que se desenvolve a partir dos mesmos elementos formais dos quais me referi acima: as letras.

Vou retornar ainda à alegoria das "entrevistas iniciais". Guardando a posição de um *sujeito suposto ao saber*, esse que mantém a transferência, o analista sugere ao futuro analisante a regra fundamental da análise: que fale de uma maneira automática o que lhe vier ao pensamento.

Se aceita a proposição sugerida, o sujeito mudará de posição e passará a ocupar o "outro lugar". Assim, para formalizar a escritura do *discurso do analista*, vou promover um outro quarto de volta no *discurso do universitário*. Desta maneira, o objeto [*a*] passa a ocupar o *lugar de agente*, de onde se inaugura o discurso e ordena as outras relações:

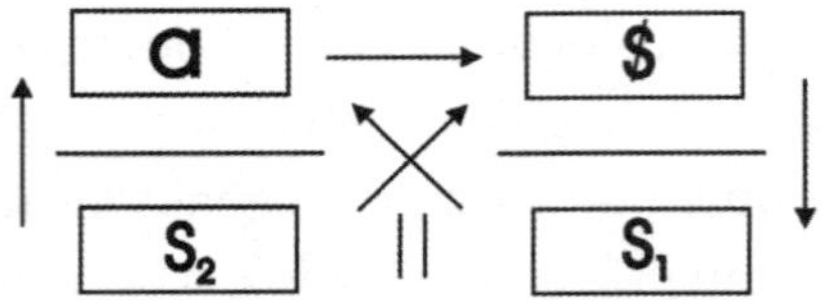

Em oposição a esse lugar de *dominância*, o lugar do "outro significante" será preenchido pelo *sujeito barrado* [$]. Quanto ao analista, denotado pela letra (a), ele não corresponde a uma pessoa, a um ser; nem mesmo trata-se de "fazer-se de conta" que é analista. Ele faz função de *semblante* de objeto.

Fazer-se *semblante* contempla essa condição de que o analista ocupa esse lugar como um "objeto" que condensa consistências do real e do simbólico. Ou mesmo que mantém a função de causa do desejo e de um canalizador de gozo. O "objeto", como tal, aparece esvaziado de substância e desse lugar não deve fazer qualquer ostentação.

O analista, mesmo fazendo esta função de *semblante* de "objeto", torna-se portador de um tipo de "saber" que não pode usar em seu benefício ou mesmo falar sobre ele. É um "saber" que vai ser construído pelo analisante a partir de cada "ato" que se produz no curso da análise.

Dito de outra forma, no *discurso do analista*, o inconsciente deixa de funcionar como se fizesse parte de um conteúdo que existisse na "profundidade" do aparelho mental do analisante ou que se constituísse como um dado prévio para o *sujeito*. A apropriação desse Saber que existe no real, desse "não saber do Outro", faz-se em ato, na presença de um "Sujeito suposto ao Saber" [SsS] que sustenta a transferência.

Com efeito, o objeto [*a*], neste *lugar de semblante*, possibilita ao analisante [$], sob transferência, interrogar seu desejo e fazer cada vez uma outra leitura disso que se realiza em ato, como formação do inconsciente.

O discurso do analista recolhe as letras e os significantes de *lalíngua*, fazendo "tours", fazendo giros em torno do Dizer, para instituir bordas e estabelecer limites ao horror ou ao gozo [o que vem dar no mesmo] daquilo que vem do real. O sujeito na condição de analisante, ao ler de outra maneira o que se manifesta no discurso, não produz qualquer conhecimento do real, mas inventa um saber, um saber inconsciente que é cada vez diferente e que vai determinar as errâncias de sua hystória.

Lacan chega a considerar que a arte da análise vai depender do analista poder funcionar como se fosse o objeto [*a*], nesse *lugar de agente*. E, como tal, possibilitar ao analisante de "inventar" o inconsciente a partir das leituras que possa fazer destes sinais que vêm desse "outro lugar" através de sua própria fala.

Quando o analista entra em jogo na análise sob a forma do objeto [*a*], como um pedaço do real, ele institui a impossibilidade de *analisar* e de *se fazer desejar* [além de reafirmar também a impossibilidade de *governar* e *educar*]. Por outro lado, ele também faz seu jogo como "mestre", mas sob uma condição em que, como objeto [*a*], cria paradoxalmente suas dificuldades para o próprio *discurso do analista* funcionar. Nesse lugar de *semblante*, ele deve se opor a "toda vontade, pelo menos confessada, de dominar"[26] ou mesmo de gozar do que quer que seja.

No *lugar do "outro"* [à direita e acima] vai posicionar-se o *sujeito*, que encontra aí sua própria "casa" e a única posição possível de escrever a estrutura do *fantasma fundamental* [a◇$]. Aqui, o *sujeito* imaginariamente não só se faz de *objeto* como também se oferece ou oferece partes do corpo que o sustenta, para participar desta estrutura heterodoxa.

Dito de outra maneira, o *sujeito* para interrogar seu desejo, coloca uma parte dele mesmo nessa aposta, agregando-lhe uma cota de gozo, e procura construir essa montagem que vem sustentar o seu próprio desejo, como "desejo do desejo Outro", de um *Outro* que nem mesmo existe.

É neste *lugar de trabalho* e de gozo que o *sujeito*, como analisante, interroga seu desejo e de onde vai poder inferir o Saber [S_2] que não é simplesmente suposto, mas inventado como saber inconsciente e que se

[26] Lacan, J., sem. XVII, *La psychanalyse à l'envers*, aula de 11/02/1970. Versão não oficial.

encontra no *lugar da Verdade* [à esquerda e abaixo]. Lacan refere-se a esse "Saber" como uma emergência do gozo do sujeito[27].

Existe ainda algo de essencial a se considerar: no curso da análise, o *sujeito*, sendo convocado a dizer qualquer coisa que lhe "passa pela cabeça" por mais dividido que se mostre, produz algo que funciona.

Por isso mesmo, no *lugar da produção*, o que se manifesta aí realiza-se sempre com uma importância de "mestria". Todavia, deve-se considerar que esse [S_1], que se presentifica nesse lugar [à direita e abaixo], aparece com um outro estilo de *significante-mestre*[28], representando o *sujeito* nestas variadas "surpresas" que são as formações do inconsciente.

No curso da análise, o *discurso do analista* procura impedir que o saber inconsciente trabalhe de uma maneira desordenada e a fundo, perdido. O *sujeito* vai estar sempre implicado a esse tipo de Saber que é alimentado pelo real do "não saber sexual" e que não pára de não se renovar. Uma condição que lhe possibilita preencher essa "ranhura do real, por onde passa o dizer verdadeiro", diz Lacan[29].

Dito de outra forma, tudo o que se pode saber numa análise não se escreve no real, mas funciona no registro da verdade. Assim, o Saber, quando se inscreve no *lugar da Verdade*, não trabalha, nem serve como produto, mas constitui-se como uma "invenção", um Saber inventado no *discurso do histérico.*

Em contrapartida, também no curso da análise, pode-se dizer que o *sujeito* é parasitado por outros tipos de saber, que nunca abandonam o campo da consciência e que podem se acumular num conhecimento ou mesmo como um instrumento de adaptação e sonolência. Como por exemplo, no *discurso do mestre*, em que o Saber, desde que ocupa o "lugar do outro" e o faz trabalhar, guia o *sujeito* para outras situações de gozo que podem ser escritas na díade [S_2/a].

---

27 Lacan, J., *Le savoir du psychanalyste*, aula de 03/02/1972. Publicação interna da Association freudienne internationale.

28 Lacan, J., sem. XVII, *La psychanalyse à l'envers*, aula de 10/06/1970. Versão não oficial.

29 Lacan, J., sem. XXI, *Les non-dupes errent*, aula de 12/03/73. Versão não oficial.

Por fim, o *discurso do analista*, jogando com um "outro real" fundamenta uma prática que se relaciona com o Dizer, com a escritura e com as letras que dirigem o próprio jogo. Essa condição do discurso levou Lacan a fazer uma aproximação entre o analista e o santo.

Para o santo, a letra evoca o texto, o texto sagrado que é revelado e lhe é entregue para ser "interpretado". Para o analista, existe também um texto que é produzido e que também lhe é entregue pelo analisante. Todavia, aqui, não se trata que o analista deva interpretá-lo, mas de fazer retornar ao analisante para que esse possa fazê-lo, isto é, que possa lê-lo de outra maneira, com uma *vari[e]dade* de maneiras.

Gostaria de afirmar ainda que o *discurso do analista* não deve ser considerado como mais importante que os outros três *discursos radicais*. Nem mesmo deve ser lido como o avesso do *discurso do mestre*, como muitas vezes se o interpreta.

No espaço em que os *discursos* se inscrevem, o que ocorre é uma torção entre estes lugares que se mantêm como uma superfície semelhante à fita de Moebius. Assim, o *discurso do analista*, essencialmente, constitui-se como uma torção do *discurso do mestre* e não seu avesso.

Daqui em diante, vou tratar do que nomeei de exceções dos *discursos radicais*.

VIII

Duas exceções dos discursos radicais: o discurso do capitalista e o discurso do a-viciado

O Discurso do Capitalista

Embora Lacan também o tenha sugerido, o *discurso do capitalista* constituiu-se para ele mesmo numa exceção dos *discursos radicais.*

A produção desse quinto discurso foi o resultado de algo que sempre o interrogou: o lugar da psicanálise na cultura ou na política e a posição política do analista. Mais uma vez, o que desenvolveu sobre estas questões não se manteve com um sentido unívoco durante seu ensino. Aqui, para acrescentar minha parte, não se trata de fazer um recorrido exaustivo sobre estes diferentes momentos, mas de levantar alguns pontos.

No início dos anos cinqüenta, Lacan referiu-se à psicanálise como uma prática que deveria assegurar uma "subjetividade moderna" e que pudesse garantir uma nova ordem às ciências. Quanto ao analista, nesta mesma ocasião, não hesitou em colocá-lo como "mestre da verdade e das funções da palavra".

Com isso, em sua prática, considerava que o analista deveria desempenhar uma função de intérprete e que viesse dar conta das linguagens que, de diferentes maneiras, afetavam o *sujeito*[1].

---

[1] Lacan, J., *Fonction et champ de la parole et du langage en psychanalyse,* Écrits, Seuil, Paris, 1966.

Mais tarde, depois de um longo percurso, já caminhando para a última parte de seu ensino, propôs um outro lugar tanto para a psicanálise, como para o analista. No que se chama o "terceiro discurso de Roma" e mesmo em outros trabalhos contemporâneos a esse período, sugeriu um novo projeto ético e político para o discurso analítico. Deveria revelar o engano imaginário que tenta acomodar as pessoas ao "bem-estar... de seus pequenos negócios", que ocorrem no cotidiano de sua vida social.

Ao se referir ao cotidiano das pessoas, Lacan aludiu a esse indivíduo que é completado com o *mais-gozar* e que ao ter generalizado essa condição de proletário desenvolve um tipo de sintoma social. Desde que os objetos passam a tem um acréscimo de gozo em sua produção e se criava uma nova maneira de tratar o real, perde a possibilidade de fazer qualquer tipo de laço social na modernidade.

Modifica-se, portanto, até mesmo sua posição em relação às ciências e às religiões de como abordar o real. Ficar isolado, se manter só sem o outro como um efeito de discurso, torna-se um "excluído".

Partindo do *discurso do analista* e concebendo os outros três – o *do mestre*, o *do histérico* e o *do universitário* – que guardam entre si uma implicação lógica rigorosa, Lacan pode deduzir o *discurso do capitalista*.

Embora citado muitas vezes em seus seminários e em alguns textos, ele foi formalizado uma única vez, numa jornada de trabalho em Milão [12/05/72][2].

Naquela ocasião, para escrevê-lo, realizou um "pequeno truque", promovendo uma ruptura com os *discursos radicais*. Ele o fez transformando o *discurso do mestre* através de uma comutação dos termos que ocupam as "casas" que estão do *lado do sujeito* [à esquerda] e mantendo inalteradas as posições daquelas que estão no lugar do "outro significante" [à direita].

Assim, no *discurso do capitalista*, o sujeito passava a ocupar o lugar de agente, numa condição homóloga àquela do *discurso do histérico*:

---

[2] Lacan, J., *Lacan in Italia*, 1953-1978, La Salamandra, 1978.

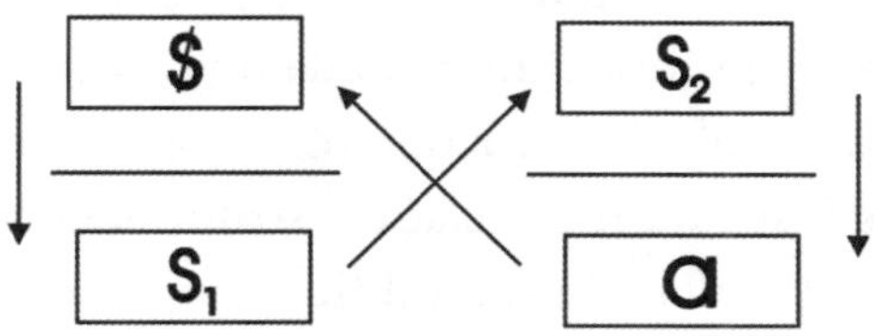

Diante desta escritura do *discurso do capitalista*, gostaria de fazer dois comentários. Em primeiro lugar, diferente dos *discursos radicais*, pode-se dizer que ele se inaugura a partir do *lugar de agente* (acima e à esquerda) de onde o sujeito através de uma intermediação do saber (S_2), vai comandar o *mais-gozar* (a), no *lugar da produção*. Como uma conseqüência deste enunciado anterior, com o poder de gozo que o objeto adquire como *mais-gozar*, ele passa a interferir sobre o sujeito.

Em segundo lugar, pode-se observar nesta escritura do *discurso do capitalista* que ele se organiza numa circularidade completa, já que todos os vértices da tétrada dos discursos podem ser alcançados.

Se na sua origem o *discurso do capitalista* guarda uma implicação com o *discurso do mestre*, esse por sua vez, tem a ver com tudo o que transcorreu como sendo relacionado ao escravo e que mais tarde veio a ser o proletário.

Lacan, por isso mesmo, o considera inicialmente a partir de um ponto de vista histórico. Assim, em certo momento da evolução do conhecimento, o *mestre* tratou de se apropriar do Saber que era produzido pelo escravo e que ficou mantido por muito tempo nessa posição. Ele [o escravo] guardava a função de ser aquele que trabalhava e, por isso mesmo, ocupava o lugar do Saber e do gozo [à direita e acima].

Mais tarde, a filosofia, as ciências e, próximo a nossos dias, a própria Universidade determinaram um progresso dessa relação, universalizando esse Saber do escravo. Transmudado num saber de mestre, ele passou a circular no mercado com valores especiais de troca, de uso e ainda agregado de um certo poder.

O que se constituía num "saber-fazer" do escravo, como vimos, foi transformado num "aparelho de saber" para o mestre. Procurava-se, com isso, dar conta dessa passagem que vai de um saber prático a um saber teórico. Pode-se acrescentar, ainda, que essa condição de alguma maneira passou a fazer parte da própria dimensão da linguagem.

Talvez se possa também dizer que foi a partir destes determinantes linguageiros que se instituiu uma relação estrutural entre a psicanálise e o próprio *discurso do capitalista*. Essa modificação que se realizou no estatuto do Saber pode ser considerada como um acontecimento responsável pela transmutação do *discurso do mestre* antigo naquele do mestre moderno, que veio se constituir, segundo Lacan, no capitalista[3].

Assim, em oposição às ciências, às religiões e o próprio *discurso do capitalista*, o discurso analítico constitui-se numa prática que visa restaurar a Lei e se manter numa ética que pudesse suportar os efeitos do real, para escrevê-lo e se possível ordená-lo. O analista, como me referi anteriormente, perde sua mestria e passa a ocupar um "*lugar de semblante*" de objeto para, deste lugar e com esta função, poder possibilitar ao analisante interrogar seu desejo e, sobretudo, organizar esse gozo que é determinado por *lalíngua* e que produz seus efeitos.

Com algumas variações, esta posição do analista vem possibilitar os limites ou as bordas de uma franja que acolhe muitos outros comentários de Lacan sobre essa questão da política da psicanálise.

Daqui em diante, vou retomar algumas questões sobre o *discurso do capitalista*, indicando suas fontes e seus caminhos[4].

Vou insistir sobre esse ponto. A globalização desse Saber apropriado do escravo que tem adquirido um estatuto de "objeto" ao qual tem sido agregado um valor de mercado foi que permitiu deduzir-se o *discurso do capitalista*.

Nesta condição discursiva, o Saber, como tal, passa a valer o quanto se pode vender e comprar dele, levando-se em conta também que o "próprio trabalhador" vai se transformar num valor de mercado que pode ser

---

3 Lacan, J., Sem. XVII, *La Psychanalyse à l'Envers*, aula de 17/12/1969. Publicação interna da Association Freudienne Internationale.

4 Refiro-me aos seminários XVI e XVII, respectivamente *D'Un Autre à L'autre* e *A Psicanálise pelo Avesso*, que sofreram direta ou indiretamente os efeitos do movimento de Maio de 68. Refiro-me ainda a *O saber do psicanalista*, além de *Radiofonia* e *Televisão*, que tratam destas questões.

vendido e comprado. Tem seu "passe" colocado à venda.

Uma outra questão a ser considerada em relação ao *discurso do capitalista* é que Lacan, além da importância que atribuiu ao que chamou de "fábula hegeliana", revelou uma relação também implícita com Marx, *"que fez surgir... o que estava em jogo, simbólica e realmente, na função da mais-valia"*[5].

Lacan considerou que antes mesmo de que o Saber tenha sido colocado a céu aberto pela psicanálise, já se tinha uma suspeita de que através dele poder-se-ia produzir algo. Assim, desde que o capitalismo passava a constituir-se num efeito da produção de um discurso, Marx denunciou esse algo do trabalho e do gozo do "proletário" como um *a mais* que era tomado e espoliado pela filosofia e pelas ciências. Por isso mesmo, essa noção da *mais-valia* não se constituiu numa invenção de Marx. O que se tornou essencial em sua contribuição foi que ele mostrou o lugar da *mais-valia*, que até então não se sabia qual era.

Diferente de Marx, no entanto, a proposta de Lacan com o *discurso do capitalista* foi sugerir que a *mais-valia* não correspondia, simplesmente, a algo que devesse ser entendido como uma alienação do trabalho do escravo ou do proletário e que estivesse condicionado a uma situação econômica. Esse "mais-de-trabalho", do escravo ou do proletário, corresponde a essa condição de que aquilo que se produz paga-se com o gozo.

Trata-se de algo que o *sujeito* tem que se desembaraçar. Lacan insiste que através desse novo discurso, ligado à modernidade e a própria produção capitalista, a idéia da alienação não deve corresponder a uma simples condição de que o homem é determinado pelo trabalho. Com efeito, trata-se de uma perda assimilável àquela de que o saber do escravo é transferido ao mestre.

Talvez por isso mesmo Fernand Braudel tenha tratado dessa passagem para o capitalismo como algo que começou a se desenvolver em torno do século XV, no momento em que no comércio passou a existir uma

[5] Lacan, J., Sem. XVII, *La Psychanalyse à l'Envers*, aula de 14/01/1970. Publicação interna da Association Freudienne Internationale

falta de transparência nas negociações do mercado. Um período em que o Saber, tornando-se homogeneizado, ordenava-se num elemento comum de gozo.

Essa condição, no entanto, só veio se evidenciar de uma maneira mais explícita no final do século passado, com o surgimento das próprias leis de mercado[6]. Com isso, o Saber passava também a ser reduzido a um valor de mercado, a ser tomado como uma "mercadoria". Desta maneira, adquiriu essa condição de *mais-valia* ou de seu equivalente na psicanálise como *mais-de-gozar*, passando a conter uma *dimansão* do real.

Aqui, quando me refiro ao significante "mercadoria", quero evocar uma questão que Lacan discute em alguns momentos de seu ensino. Mais uma vez, a noção do dentro e do fora.

Quando se trata do organismo ou mesmo do corpo, essas noções caminham praticamente por conta própria. O que está "dentro" fica imaginariamente contido no saco de pele ou está limitado por ela. Em oposição, existe algo que se mantém "fora" e que vou nomear de *resto*. Entre estes dois espaços pode-se considerar a presença de uma superfície que os limita.

O interessante é se perguntar: o que acontece com o "dentro" e o "fora", quando se trata de uma "mercadoria"? Aqui, as coisas não são tão simples quanto parecem. O "objeto" em questão não só passa a ser considerado por seu valor de uso e de troca, como vem fazer parte de uma outra noção que foi lembrada por Lacan como necessária para a mercadoria: a idéia de depósito. É preciso que ele exista para que a mercadoria possa ser estocada.

Desta maneira, a noção do "dentro" refere-se a um lugar onde os "objetos" devem ser estocados e conservados como "mercadoria". Quando está dentro do depósito, por definição, a "mercadoria" não é para ser consumida. Ela deve ficar guardada num compasso de espera, tendo seu valor de uso interditado. Aí, a "mercadoria" subsiste, sobretudo à medida que é guardada e tendo seu valor de troca reduzido. Em contrapartida, somente quando está "fora" é que pode ser trocada e às vezes consumida pelo seu valor de uso.

---

6 Lérès, Guy, *Lecture du discours capitaliste selon Lacan.* Essaim, revue de psychanalyse, érès, n.3, Paris, 1999.

Por isso mesmo, o Saber, ao transformar-se em "mercadoria" e tomar o estatuto de um "objeto", passa a ser denotado na álgebra lacaniana por [*a*]. Desta forma, ao ocupar o *lugar da produção*, mesmo adquirindo uma *dimansão* do real como (a), ele é *transvestido* de uma condição ideal para ser consumido. Aqui, portanto, se a *produção* no *discurso do capitalista* e a conseqüente alienação são efeitos de discurso, a *mais-valia* ou o *mais-de-gozar* não devem ser concebidos, como me referi acima, como uma alienação do trabalho humano condicionado simplesmente a uma situação econômica.

Elas devem ser consideradas como consequências do que existe de real na própria estrutura do desejo. Como tal, o objeto [*a*], que corresponde ao *mais-de-gozar*, passa a ser considerado como tendo um suporte que lhe é dado pela metonímia. No entanto, se nos *discursos radicais*, isso se refere a um "objeto" que se desloca, que desliza e que, por estrutura, é impossível detê-lo ou mesmo apreendê-lo, aqui, no *discurso do capitalista*, trata-se de um "objeto" acessível. Isso traz suas conseqüências.

O Saber tendo perdido sua relação com o inconsciente, com o sujeito do inconsciente, com o "não saber sexual" do inconsciente, modifica a maneira do "outro" trabalhar. Esse fato de estrutura e de discurso, que é determinado pela própria escritura do *discurso do mestre*, passa a significar uma injunção para a produção contínua de objetos, como aparece na relação entre o Saber e o objeto [*a*] e que pode ser matemizado pela escritura [S_2 / a].

Aqui, algo de sutil deve também ser considerado. Mesmo que o "objeto" mantenha-se implicado na textura do discurso e "acessível", ele contém algo do real. Ele conserva sua *consistência* do real que causa essa condição impossível da proporção sexual, que ordena o próprio funcionamento mental e a diversidade dos "laços sociais". Isso quer dizer que o real que motiva o pensamento é o mesmo que vem determinar a alienação do *sujeito*.

Por sua condição linguageira, o *sujeito*, diz Lacan, só faz isso de válido; ele pensa e isso é o que "acarreta a submissão do valor de uso ao valor de troca"[7]. Essa alteração que se realiza no Saber, quando se transmuta do

7 Lacan, J., sem. XXIV, *L'insu que sait de l'une bévue s'aile à mourre*, Ornicar? 12/13, Bulletin périodique du Champ freudien, aula de 14/12/1976.

discurso do mestre para o *discurso do capitalista*, traz mudanças essenciais para *sujeito*.

Em primeiro lugar, a transmutação do Saber num bem de consumo, num "objeto" com valor de mercado, produz uma subversão do desejo e altera sua própria relação com o *sujeito*, que também sofre suas conseqüências. Se até então havia uma impossibilidade estrutural e discursiva do *sujeito* ter acesso ao Saber e ao objeto causa do desejo [*a*], desde que esse Saber adquire o estatuto de um bem de consumo, ele vem continuamente oferecido como uma promessa de satisfação possível para o *sujeito*.

Por isso mesmo, no *discurso do capitalista*, quando o *sujeito* [$] passa a ocupar esse *lugar de dominância* [à esquerda e acima], ele não só adquire essa condição de "semblante de amo" como se torna o centro das atenções. Ele se crê capaz de comandar através do Saber, que está no *lugar do outro* [à direita e acima], o próprio objeto *mais-de-gozar* (a), tornando-se ignorante do efeito que o objeto lhe causa, consumindo-o.

Assim, se estabelece uma relação entre o *sujeito* e o objeto que ocupa o *lugar da* produção [à direita e abaixo], como algo que é visado pelo *discurso do capitalista*. Isto é, a produção constante de "objetos" que passam a ser imaginariamente "desejados" com avidez, com voracidade pelo *sujeito*. Neste caso, "os objetos" quando se tornam investidos desta condição de *mais-gozar*, se transformam na alegria do capitalista, convertem-se em seu próprio *riso*.

No *discurso do capitalista*, desde quando o *sujeito* também ocupa seu lugar como um consumidor, ele adquire nesse dispositivo de discurso uma condição em que, através de uma mediação do Saber, disponibiliza os meios para a aquisição desse objeto oferecido em quantidade. Trata-se de uma condição imposta pelo discurso para consumi-lo, destruí-lo, ou mesmo jogá-lo fora, mas sempre obedecendo às leis do mercado.

Em contrapartida, o *significante-mestre* passa a ocupar o *lugar da Verdade* [à esquerda e abaixo]. Aqui, à medida que ocorre essa comutação dos elementos do lado do *sujeito* e a segunda parte da escritura [à direita] permanece inalterada; isso possibilita que se possa inferir que a ordenação do *discurso do capitalista* faz-se também numa relação ao Saber que vem garantir um determinado tipo de gozo.

Se, no *discurso do capitalista*, o *sujeito* ocupa uma posição equivalente àquela do *discurso do histérico*, o que os diferencia nestes dois discursos?

Vou encaminhar minha resposta. No *discurso do histérico*, como já me referi anteriormente, o *sujeito* ocupa seu lugar com seu desejo e, sobretudo, com seu sintoma. Uma condição discursiva que lhe assegura e preserva sua divisão estrutural que é instituída por sua condição linguageira que é equivalente à castração.

Aqui, no *discurso do capitalista*, Lacan sugere um tipo de rejeição da castração em todos os campos do simbólico, isto é, um tipo de operação de *Verwerfung*.

A rejeição da castração produz seus efeitos estruturais e discursivos, suspendendo a impossibilidade entre o *lugar da produção* e o *lugar da Verdade*. Essa condição discursiva vai permitir uma circularidade completa nas diferentes "casas" do discurso.

Outro fato promovido pela suspensão da castração é que não só determina no sujeito a ilusão de se desfazer de sua divisão estrutural, como produz um apagamento de traços identificatórios, fazendo-o desreconhecer, diz Lacan, "as coisas do amor"[8].

Essa operação também produz uma interveniência sobre o Saber inconsciente separando-o do sujeito e reduzindo-o a um "objeto", a um bem de consumo que vem a ser colocado num mercado comum de gozo, tornando-o acessível a que possa ser adquirido.

Desta maneira, o saber adquire o estatuto de "objeto" e se torna equivalente a outros "objetos" que passam a ser produzidos de uma maneira maciça e, como bens de consumo, devem ser forçosamente consumidos.

São "objetos" que passam a ser fabricados em "mutirão", como produção industrial cada vez maior e com a expectativa de serem também "melhores" que os anteriores, para satisfazerem um determinado ciclo que passa a obedecer às leis do mercado. Mesmo que se prescreva sua produção, essa condição discursiva revela a impotência destes "produtos" de

8 Lacan, J., *Le savoir du psychanalyste*, aula de 06/01/72. Publicação interna da Association freudienne internationale.

estancarem a hemorragia causada pelo ciclo destas aspirações sempre multiplicadas.

O "objeto" nestas condições não só adquire uma "substancialização" como tem uma *mais-valia* que, sendo acrescentada ao trabalho, imaginariamente desperta o interesse do consumidor. Transforma-se em "objeto" técnico, em "gadjet" que invade o espaço do *sujeito* numa condição que vai ficando cada vez mais fora de seu controle.

Lacan considerou que este fato torna o sujeito vítima dessa "ideologia da livre empresa" que o lança cada vez mais numa busca desenfreada de sucesso, desencadeando inveja em relação ao gozo do outro, ao "gozo do escravo".

De uma maneira paradoxal, ao ser lançado nessa busca e num consumo incontrolável, o *sujeito*, sem saber nada disso, fica submetido e sujeitado aos efeitos que esse "objeto de gozo" lhe causa: um *mais-de-gozar* que serve para uma grande consumação. O que é essencial a se considerar é que esse "objeto" *mais-de-gozar* não é livre, mas sujeitado ao Saber, às técnicas de sua produção e, sobretudo, como me referi acima, às próprias leis do mercado.

Dito de outra forma, no *discurso do capitalista* pode-se considerar que o *sujeito* passa a ser comandado pela presença do objeto, embora levando-se em conta a existência de certos limites. Existem, portanto, regras e leis de mercado que organizam e colocam os limites nesta relação.

No *discurso do capitalista* quando se desenvolve essa circularidade completa em que todos os vértices do "tetrápode" podem ser alcançados, modifica-se também a relação com verdade. Desta maneira, como uma conseqüência desta propriedade discursiva, o "semi-dizer" da verdade é também anulado e não mais sofre o efeito da divisão do *sujeito*. Assim, a verdade passa a se constituir em algo potencialmente capaz de ser "toda" dita, de ser dita sem limites.

Paradoxalmente, desde que as ciências vêm animar o *discurso do capitalista*, desenvolve-se cada vez mais um conhecimento sobre os "objetos" do mundo, transformando o "não saber" sobre o real do gozo, em "falta de informação".

Aqui, os "objetos" vão sendo produzidos em quantidades necessárias para serem consumidos pelos pequenos "outros" – os escravos ou os proletários – não devendo faltar, embora não devam ser produzidos em excesso. Quando os "objetos" tornam-se acessíveis àqueles que os produzem, eles [os proletários e os escravos] acomodam-se e, sem desespero, são usados pelo capital.

Lacan considera que essa é a estratégia com a qual o mestre distrai o escravo em seu trabalho. É dessa maneira que o escravo moderno, o proletário, goza por produzir e por dispor daquilo que produz[9]. Nesse mecanismo de exploração social fornecido por Marx, encontra-se a receita da longevidade do capitalismo.[10]

Este fato discursivo determina que o *sujeito* fique cada vez mais fascinado pelo trabalho do "outro". Ainda mais que estes "objetos da modernidade" constituem-se como algo que invade seu campo de gozo, vindo aspirá-lo e determinando cada um, "sem se saber até onde... como objeto [*a*]".[11]

Lacan, em certo momento de seu ensino, designou estes objetos de "lathouses" ("latusas") e, logo em seguida, relacionou esse mesmo significante, por homofonia, com um outro, "ventouses" ("ventosas").

As "latusas", estes pequenos objetos [*a*] substancializados, passam a fazer parte das realidades plurais do sujeito e são encontrados por todas as partes "nas esquinas... atrás das vitrines", sempre controlados e governados pelas ciências. Como disse acima, explorados pelo capitalismo e pela mídia, transformam-se em promessas de um acesso possível ao *mais-de-gozar*.

Em torno desta questão, Lacan chega a identificar dois tipos de objeto. Assim, jogando mais uma vez com a homofonia, ele identifica aqueles objetos que são para se *consumir* ["*consommer*"] e que podem ser usados até quando for possível e, em oposição, existe outro tipo de objeto que é para se *produzir* e *destruir* ["*consumer*"], objetos para serem jogados fora como uma "produção de destruição". Logo que adquiridos, perdem seu valor de uso e são descartados, viram dejetos.

---

9 Melman, C., *Du Politique* Clinique Psychanalytique – Articles et Communications. Bibliotheque du Trimestre Psychanalytique, 1991. Publication de l'Association Freudienne Internationale.

10 Id., Ib.

11 Lacan, J., Sem. XVII, *La Psychanalyse à l'Envers*, aula de 20/05/1970. Publicação interna da Association Freudienne Internationale.

O *sujeito*, logo cedo, perde seu interesse por cada um deles, procurando substituí-los por outro mais moderno, mais potente, sempre mais alguma coisa, utilizando-os por pouco tempo. Transformados em objetos de gozo servem como princípio à economia capitalista que passa a produzi-los de uma forma "... insaciável, da falta-de-gozar".[12]

Talvez pela própria implicação que o *sujeito* desenvolve com o "objeto", já que ele passa de objeto a objeto, como de significante a significante, estes "objetos" valem por sua implicação ao próprio campo da linguagem. Não é excessivo se dizer que, nestas condições, o *sujeito* também se consome. Ele paga seu preço, porém, de uma maneira controlada.

Essa condição provoca ainda outras consequências sobre o *sujeito*. Pela própria "incoerência" da estrutura, ocorre sempre uma má distribuição desses objetos de gozo nas diferentes camadas sociais. Esse fato determina no *sujeito* suas reivindicações.

Isso que lhe é tirado, ele atribui como um fato que é da responsabilidade do "outro". Essa desigualdade na distribuição destes "objetos" de gozo caracteriza-se como uma reclamação à função paterna, como uma fragilidade em sua autoridade que vem produzir uma desigualdade e desequilíbrio, enfraquecendo os "laços sociais".

Estas questões, à medida que foram sendo desenvolvidas por Lacan, levaram-no a considerar que um tipo de "sintoma social" poderia existir no capitalismo e que se definiria a partir dessa condição de que "todo indivíduo é um proletário". Essa posição, embora se inscrevesse num *discurso*, colocava-se como uma exceção aos *discursos radicais*, pois não existiria nada entre eles [refere-se aos proletários] que pudesse fazer "laço social".

Por isso mesmo, ainda que se pudesse falar da existência de um novo tipo de "laço social" no *discurso do capitalista*, não seria suficiente para inclui-lo no estatuto dos *discursos oficiais*. Talvez se possa dizer que estas "figuras" que decorrem desta variante do *discurso do mestre* e do próprio *discurso do universitário*, por determinarem diferentes estatutos do Saber, dão-lhe a condição de que poderiam reger o mundo.[13]

---

[12] Lacan, J., *Radiophonie*, Scilicet n. 2/3, Seuil, Paris, 1970, p. 87.

[13] Lacan, J., Sem. XIX, ... *Ou pire*, aula de 8/03/1972. Documento interno da Association Freudienne Internationale.

O que talvez se possa considerar essencial na relação da psicanálise com o *discurso do capitalista* é que através do discurso analítico, diz Lacan, pode-se encontrar uma saída adequada para ele. O analista como um "ser-para-seu-tempo" deve ocupar uma posição política, "no sentido mais elevado do termo", para especificar a maneira conseqüente de seu ato. Como tal, ele deve ser identificado ao que

"no passado se chamava: ser um santo [...] quanto mais se é santo, mais se ri, é meu princípio, até mesmo a saída do discurso capitalista, – o que não constituirá nenhum progresso...".[14]

No discurso do analista, embora o analista ocupe o *lugar de semblante* e se ofereça como objeto causa de desejo, objeto de amor ou imaginariamente como objeto de gozo, ele se faz resto desse gozo que o *discurso do capitalista* também produz.

Todavia, em sua função de analista, em sua prática, ele não deve prometer a felicidade, nem o gozo, nem a esperança, nem mesmo deve desenvolver a promessa de fazer caridade. Por isso, nesse lugar, ele precisa ter prudência no que faz e no que diz. Uma prudência que se exercita com seu silêncio, quando paga um preço com a suspensão de sua voz. Só assim possibilita ao analizante interrogar o enigma de seu desejo e sua condição de gozo ao se identificar com o objeto.

O analista, sobretudo, deve deixar de se constituir num objeto de mercado e de uso, para fixar um lugar de onde o analisante possa fazer sua análise e não consumi-lo.

O discurso do a-viciado

Trata-se da proposta de um outro discurso que foge ao estatuto dos *discursos radicais.* De início o nomeei de "um discurso que não é radical" e mais tarde de *discurso do a-viciado.*[15]

---

[14] Lacan, J., *Télévision*, Seuil, Paris, 1974, pp. 28/29.

[15] Souza, A., *O discurso que não é radical*, em Nós 1, Revista do Espaço Moebius, Bahia, Dezembro, 1993.

Aqui, vou pedir tolerância e certa conveniência do "outro", para seguir minha "heresia". Ao tomar em meu percurso a proposta deste outro *discurso*, vou reiterar sobre algumas noções já estabelecidas anteriormente. Por uma insistência de um real que me convoca a colocá-lo em letras, talvez tenha mesmo que repeti-las. É um preço a pagar.

Tenho mostrado, de diversas maneiras, que a psicanálise até esse período de *passagem* [refiro-me ao momento do ensino de Lacan em que realizou o seminário *A psicanálise pelo avesso*] procurava normatizar essa noção de estrutura. Uma condição que teve como ancoragem uma homogeneização fálica e que assegurava a presença do fantasma fundamental, essa estrutura heteróclita que se constrói sem que o sujeito saiba nada sobre isso e que vem sustentar o desejo.

Lacan fez a psicanálise avançar, ao considerar que nessa relação do *sujeito* com o desejo, o neurótico, o perverso e até mesmo o psicótico poderiam fazer parte de uma estrutura normal. Assim, afirmou no seminário *A Identificação* que

"o psicótico é normal em sua psicose porque no desejo se ocupa do corpo. O perverso é normal em sua perversão, porque se ocupa em sua variedade do Falo e o neurótico porque se ocupa do grande Outro, como tal... eles são normais, porque estes são os três termos normais da constituição do desejo".[16]

Aqui, o que se deve levar em conta é que os efeitos da estrutura, determinando estas diferentes condições clínicas, só podem ser lidos numa coalescência com a transferência, ou melhor, com o "Sujeito suposto ao saber".

Com o desenvolvimento dessa *noção de discurso*, Lacan produziu um novo lugar para estas entidades clínicas, na psicanálise. Para o psicótico, com uma resposta pontual, colocou-o numa posição "fora discurso". Deixou em aberto o lugar dos perversos e implicou os neuróticos ao *discurso do histérico.*

Desta maneira, os *discursos*, mantendo uma franja de significações diversificadas, passavam a instituir um campo de natureza ética que procu-

[16] Lacan, J., Sem. IX, *L'Identification*, aulas de 13 e 20/06/1962. Publicação interna da Association freudienne internationale (os destaques são por minha conta).

rava regular as relações do *sujeito* com o objeto, com a dialética do desejo e com o gozo. Uma condição que veio determinar um mercado onde circulam os valores, as escolhas e as preferências de um sujeito normatizado pela Lei e pelo seu corolário: a castração.

Diferente dos "discursos radicais" e mesmo do *discurso do capitalista*, o que proponho com o *discurso do a-viciado* é uma escritura que possa definir um dispositivo que venha dar conta de "uma patologia de certos laços sociais"[17] que interferem na ex-sistência do *sujeito*. Algo que possa dar conta de certas formas de patologia que têm se acentuado na contemporaneidade, embora de uma maneira geral tenham existido desde sempre.

Nestes casos que estou evocando, de que *sujeito* se trata? Como já vimos essa questão de diferentes maneiras, vou reafirmar que o animal humano, para habitar na linguagem, sofre uma perda necessária e irreversível de uma parte dele mesmo. Só assim passa a constituir-se como um *sujeito dividido* [$].

Isso que é perdido no *sujeito* e também no *Outro* vem fundar o "campo do objeto" na psicanálise e sua própria divisão como *sujeito*, constituindo-se na razão essencial para que possa habitar em *lalíngua* e sofrer seus efeitos. Essa condição que o mantém num estado de permanente nostalgia por ter perdido essa condição idealizada e narcísea por ter sido uma vez imaginariamente completo.

Por outro lado, isso que é produzido como *perda* vai colocá-lo à procura deste "objeto", guardando sempre uma esperança de que algum dia possa reencontrá-lo. O *sujeito* espera restaurar essa relação de um "gozo absoluto" que ilusoriamente mantinha com o "outro real" da linguagem.[18]

Essa divisão do *sujeito* coloca-o entre o UM do significante [S_1], esse elemento ordenador e que o representa, em oposição a esse "outro lugar" que passa a conter o conjunto dos elementos linguageiros ordenados e que vem se constituir em sua "casa" [S_2]. Desde que estes dois lugares guardam

---

17 Essa expressão foi usada em certo momento por Juan-David Nasio, quando lhe apresentava um esboço desse capítulo.

18 Lacan, J., *Lettres de L'École Freudienne*, nº 8, p. 205.

uma heterogeneidade radical entre si, o *sujeito* habita neste "outro" lugar, como um ser "infixável e indeterminado", como um "sujeito matemático" que se mantém numa condição nomeada de *exclusão interna*.

Aqui deve-se considerar três questões. A primeira delas, que essa "parte perdida" do *sujeito* e também do *Outro*, que é denotada por [a], vai estar contida nestes diferentes "objetos" que passam a fazer parte de suas realidades plurais[19]. Estes "objetos", por uma condição lógica e de estrutura, ocupam essa condição impossível de serem recuperados.

Em segundo lugar, esse fato linguageiro vem expressar essa condição de que o *sujeito* vive sempre suas diferentes realidades nos limites do que se pode considerar o *normal*[20]. Uma noção difícil de definir, pois as regras e os mecanismos que regulam a "normalidade" derivam-se de ideais estabelecidos pela própria cultura e, desta maneira, são modificados continuamente com o tempo e o lugar.

Por isso mesmo, qualquer evento, para ser considerado como dentro ou fora das normas, vai depender de uma qualificação existente na própria cultura. Do ponto de vista da psicanálise, no entanto, estas questões relacionadas à ex-sistência do *sujeito* devem ser excluídas dessa dicotomia – normal e patológico – ou até mesmo dessa polaridade que se estabelece entre o público e o privado.

Eles vêm se organizar em torno das regras que fundamentam os laços sociais e que estão implicados à instância da Lei, da *Lei do Pai*. Para o sujeito, suas ações – das mais simples às mais complexas – seus atos, suas escolhas sexuais, seus diferentes dispositivos de gozo ou mesmo qualquer coisa que concerne à sua ex-sistência devem ser fundamentadas em torno de uma submissão a essa Lei do Pai. Isto é, um dispositivo que faz parte da própria linguagem e que vem interditar e normatizar esse suposto "gozo absoluto" que o *sujeito* crê existir em sua relação com o "outro real".

Quanto à terceira, a operação que constitui o *sujeito* causa-lhe um efeito de significante que passa a implicá-lo em qualquer coisa que fala

[19] Lacan, J., *La signification du Phallus*, p. 685 e *Du "Trieb" de Freud et du désir du psychanalyste*, p. 851, em Écrits, Seuil, Paris, 1966.

[20] Ver sobre esta questão, a tese de G. Canguilhem, *O normal e o patológico*.

num tipo de *paixão ao significante*. Assim, quando o *sujeito* diz algo, embora produza uma significação que pode ser compartilhada com os outros semelhantes, o fundamental é que aquilo que diz alude sempre a ele mesmo. Sua fala será sempre auto-referente.

Mais do que isso, em qualquer ato de fala, realiza-se também um duplo tipo de gozo. Um deles, determinado pela *função do Falo*, que vem dar significação ao que diz e que o afeta numa condição "fora corpo". Um outro, que se manifesta nessa relação com *lalíngua*, com o "outro real" da linguagem e que experimenta no corpo um tipo de "gozo da Natureza"[21]. Algo que se converte num apetite do desejo de morte, num "desejo de morte da Natureza" e que se manifesta como "fora linguagem".

Essa noção do *sujeito*, que guarda uma posição indeterminada entre o significante que o representa e o "outro significante", revela essa condição lógica de uma "não proporção" que existe entre esses dois lugares, ou mesmo entre estes dois diferentes tipos de gozo. Embora já tenha tratado disso anteriormente, gostaria de acrescentar que essa condição delimita um espaço entre a "necessidade" que traz um apetite de satisfação e a "demanda" que está além da posse e da consumação dos objetos.

Foi nessa diferença entre a necessidade e a demanda que Lacan abriu o acesso à noção do desejo. No campo de *lalíngua*, o *sujeito* pode realizar-se como desejante, mantendo um tipo de relação quase "natural" com o "outro real". Uma condição que toma o estatuto de uma "demanda incondicional" que é matemizada por [$\$ \rightarrow D$], como aparece no *Grafo do Desejo*. Trata-se de uma relação que se reveste nos termos de um enigma que, mesmo vindo inicialmente desse "outro lugar", é formulado pelo próprio *sujeito*: – "De que maneira você me quer?"

Aqui, o *sujeito* ocupa esse lugar do UM que o representa diante desse "Outro em-forma de pequeno (a)" que, mesmo em sua essência corresponda a um "buraco", toma o estatuto de significante, mantendo-se numa posição de alteridade radical em relação ao UM. Aí, ele não só experimenta

21 Aqui, o significante "Natureza" corresponde à idéia de um Deus que goza e que dá seu consentimento ao mau, na ex-sistência do sujeito.

uma onipotência desse "outro lugar", como sofre também a presença de um silêncio maciço que exibe uma deficiência local dessa potência.

Diante da impossibilidade de que algo lhe possa ser dito, pois o "Outro" não existe, o próprio *sujeito* é intimado a dar uma resposta à sua questão. Ou mesmo é forçado a fazer algo, a colocar uma parte dele mesmo para que possa imaginariamente ter a ilusão de vir preencher esse "buraco"[22] que existe no Outro. Dito de outra forma, ele procura *se fazer* um "objeto" e, como tal, espera preencher imaginariamente esse "buraco" que supõe que exista nesse "grande Outro em forma de pequeno (a)".

Sob essa condição de "objeto", o *sujeito* vem ocupar um lugar na estrutura fantasmática, sustentando o desejo como "desejo do desejo do Outro". Ou de uma maneira mais aguda, fazendo-se objeto de gozo do Outro e para o Outro.

Aqui não importa mais a função da fala, nem mesmo o sentido que as palavras possam ter, para que responda a essa demanda. Ele vai se usar como "objeto" de sacrifício para esse "Outro" que não existe, vai ceder a esse "Outro" sua "libra de carne" sob essa condição que se chama gozo. Isso aparece no ensino de Lacan, algumas vezes relacionado ao que ele chamou de "o lado cruel do cristianismo".

O *sujeito*, ao *se fazer* esse "objeto inominável", tem construído um novo campo de gozo, onde se realiza sob diversas roupagens, como seio, fezes, o falo, o olhar, a voz, a dor, o nada... como os diferentes objetos da pulsão. Portanto, o *sujeito* utiliza-se dessa sua característica proteiforme para fazer parte da construção desta estrutura heterodoxa que se denomina de *fantasma fundamental*.

Como um corolário, essa estrutura discursiva implica o *sujeito* nesse artefato fantasmático, mantendo-o numa posição de reciprocidade em relação ao objeto (*a*). A partir dessa dependência ao "objeto," que se realiza sob os termos de castração, frustração ou privação, o *sujeito* tem seu desejo sustentado por uma condição primordialmente simbólica. Ele vem cons-

---

22 Uma resposta que já está escrita. Como me referi anteriormente, é a resposta que alimenta as perguntas.

truir suas diferentes realidades como "semblantes", nessa condição que qualifica a posição do neurótico em sua ex-sistência.

Uma outra conseqüência dessa dependência do *sujeito* neurótico ao "objeto" é que ele se mantém na ilusão de encontrá-lo sob estas diferentes representações que causam o desejo e que possam fazer valer seu gozo. Para isso, paga seu preço, conservando-se dentro de certos limites que o desejo institui ao gozo e experimenta a cada momento essa esperança de que em algum momento possa ultrapassá-los.

O *sujeito* neurótico, portanto, normatizado pela Lei ou pela função paterna, para relacionar-se com o "objeto", deverá guardar sua condição desejante de uma pura "negatividade", onde "*se busca*" em seus objetos. Dito de outra forma, para continuar ex-sistindo, terá que se negar continuamente nesses objetos que causam o desejo, à procura dessa parte perdida dele mesmo que está além ou aquém de qualquer "objeto" que possa ser encontrado em suas diferentes realidades.

Para manter algum tipo de relação ou mesmo para manter a crença de que pode se apropriar desse "objeto" que sempre lhe escapa, ele o faz através de um mercado de negociações, de sacrifícios e de trocas. Assim, isso que o *sujeito* encontra será sempre um "semblante de objeto" que pode ser substituído por outros ou mesmo pode ser utilizado para os encontros sexuais com aparência de homem e mulher, já que contém essa propriedade do *mais-de-gozar*.

Em qualquer destas condições, existirão sempre limites instituídos pela Lei, pelo desejo e pela própria cultura. Isso quer dizer que, para a psicanálise, a noção de desejo não corresponde a qualquer vitalismo de necessidade, mas a uma aspiração, a um "voto" que o *sujeito* mantém a partir da castração. O desejo busca organizar e dar limites a sua relação de gozo, desencadeada pela presença dessa produção de uma falta.

No ponto de urgência do desejo, nesse lugar que se oferece à presença desse "buraco" que existe no "outro real" da linguagem é que o *sujeito* pode realizar-se através de uma estrutura fantasmática. Uma montagem que se constrói sem que ele "saiba nada sobre isso" e que dá lugar ao *fantasma fundamental*.

Esse constructo instaura um campo de gozo através de um circuito de automatismo que, de alguma maneira, se dirige contra *avida*[23] e que passa a reger a ex-sistência do *sujeito*. Essa condição vai revelar a natureza trágica, ou melhor, a contingência "tragicômica" de sua ex-sistência que mantém relação com o automatismo de repetição.

Assim, o que se realiza através do automatismo de repetição é sempre um desencontro com o "objeto", pois aquilo que é encontrado como "semblante" de objeto não corresponde ao "objeto" buscado. Lacan ainda considera que este "objeto" que falta ao *sujeito* e lhe institui uma incompletude impossível de ser desfeita pode ser considerado sob duas diferentes faces.

Uma delas corresponde a uma dimensão imaginária que tenta preencher esse "buraco" que existe no real de sua ex-sistência. Todavia, em relação a esse enunciado, deve-se ter uma prudência, pois

> *"isso não quer dizer que o objeto pequeno a seja do imaginário. [...] isso se imagina com o que se pode, a saber, com o que se chupa, o que se caga, o que faz o olhar, o que doma o olhar, em realidade, e depois, e depois a voz (...)".*[24]

Como tal, trata-se de um objeto capaz de sofrer deslizamentos metonímicos e que se converte num *objeto causa do desejo*. Isso quer dizer que todas as vezes que o *sujeito* acredita ter encontrado esse "objeto" desejado, "não é isso" de que se trata. Mais ainda, nesse campo do desejo, mantém-se também uma rivalidade radical com o "outro". Cada vez que o sujeito se aproxima deste "outro", o semelhante, engendra-se uma agressividade intensa onde se sustenta o desejo do sujeito. É uma condição que não contempla essa idéia de "amar o outro como a si mesmo".

Sua segunda face corresponde a essa condição do "objeto (a)... tão real quanto possível... pelo fato de que se escreve". Aqui, como uma *produção*

---

[23] Esse significante *avida* é um neologismo utilizado por Lacan ("lavie") nos seminários sobre topologia, para dar conta da *dimansão* do real que ex-siste na vida.

[24] Lacan, J., Sem. XXI, *Les non-dupes errent*, aula de 09/04/1974. Publicação interna da Association freudienne internationale.

que toma o estatuto do *mais-de-gozar*, o objeto [*a*] passa a constituir-se para o *sujeito* num aperitivo para sua "vontade de gozo".

Essa noção "vontade de gozo" aparece em diversos momentos do ensino de Lacan. Tanto nos *Escritos*, em "Kant com Sade",[25] como em alguns seminários quando procura utilizar-se do objeto [*a*] para construir o fantasma sadiano. A "vontade de gozo" é uma posição que sustenta o desejo sob a forma de um "desejo perverso", numa montagem onde o objeto "joga o jogo por si mesmo", adquirindo um funcionamento próprio.

Lacan faz uma análise de Kant, considerando aquilo que "caminha nas profundidades dos gostos" e de Sade, com "o direito de gozar do corpo do outro, mesmo sem permissão". A partir daí, vai mostrar que existem "*coisas*" que o *sujeito* pode buscar sob esta condição que se encontra além de seu bem-estar.

Através de Kant, pôde fundar uma recusa para qualquer sentimento (*pathos*) que pudesse afetar o *sujeito*, mostrando uma ação que se desenvolve até mesmo "sem objeto". Em contrapartida, com Sade, pôde revelar a presença desse "objeto" que estava escondido na máxima kantiana e que veio tomar o estatuto do objeto [*a*].

Ainda em "Kant com Sade", sugere uma estrutura formada por quatro elementos, equivalente ao *esquema L*, como uma condição necessária para que o inconsciente possa participar da "construção de uma disposição subjetiva". Ele propõe um primeiro esquema com uma linha sinuosa que orienta a estrutura significante capaz de fazer um "cálculo do sujeito", instituindo um lugar de origem e uma função de causa para o sujeito no fantasma sadiano.

Com efeito, essa *função de causa* vai ser determinada pela presença do objeto [*a*]. Aí, embora possa ser definida por sua condição de irredutibilidade a toda tentativa de uma compreensão conceptual, sua presença "satisfaz a ordem do fantasma" enquanto capaz de sustentar o desejo [d → $ → a].

[25] Lacan, J., *Kant avec Sade*, Écrits, Seuil, Paris, 1966, pp. 765/790.

Uma montagem onde o *sujeito*, embora constitua-se a partir do significante, em sua origem só existe o objeto [*a*], como real e como estrutura. Em seguida, Lacan indica uma segunda posição que corresponde a essa operação denotada pela letra [V], que aparece na desconstrução do losango e que, entre outras coisas, corresponde a uma "vontade de gozo".

Essa condição que domina a relação do *sujeito* com o "objeto", no fantasma sadiano:

> *o [V] estando nesse lugar, por cima, parece impor a Vontade que domina todo o assunto [...] É bem a Vontade de Kant a que se encontra no lugar desta vontade que só pode ser dita de gozo explicando que é o sujeito reconstituído da alienação ao preço de não ser senão o instrumento de gozo.*[26]

Esta condição possibilita o sujeito da "razão prática" [$] escolher o que fará com o sujeito [S] bruto do prazer [sujeito "patológico"].

Lacan, ainda em torno desta questão, sugere um outro esquema que se constrói a partir de uma "rotação de um quarto de giro", que se realiza no esquema do fantasma sadiano. Essa transformação segue a mesma lógica que vai sugerir, mais tarde, para os *quatro discursos*:

> *tenho falado dele há muito tempo e, em outras ocasiões, especialmente desde a publicação do que escrevi sob o título de Kant com Sade [...] isso não se limita ao esquema Z [...] há outras razões além desse puro acidente de representação imaginária.*[27]

O que fundamenta esse giro, para o segundo esquema, é um tipo de autorização feita pelo próprio Sade, para sua "República", onde nem mesmo viveu, de um direito ao gozo, de uma "vontade" que existe de gozar do objeto. O esquema revela essa divisão que sinaliza para o apagamento do *sujeito* do desejo, "que desaparece sem que nada nos fique de sua imagem", em benefício desse *sujeito bruto* [S] que encarna o herói, como aquele que mantém uma fidelidade a Sade e que passa a ser comandado por essa "vontade de gozo".

---

[26] Id., Ib., p. 775.

[27] Lacan, J., Sem. XVII, *La psychanalyse à l'envers*, aula de 26/11/1969. Edição não oficial.

Após esse desvio que vai servindo de suporte à minha proposta, quero retornar à *noção de discurso*. Como me referi anteriormente, a concepção lacaniana para estes "discursos oficiais" corresponde a um dispositivo *quatripartite* que se organiza em torno da função paterna e que abre as vias do desejo. Uma condição que vem domesticar esse suposto gozo do *Outro* que afeta o *sujeito* desde suas origens.

Por sua relação com a Lei que interdita o gozo, o que se produz nesse dispositivo de "quatro patas" é esse tipo de Saber, que se diz de muitas maneiras. Trata-se de uma "conexão" significante que procura dar limite à direção que *avida* toma como gozo do *Outro*.

Por isso mesmo, o Saber como "meio de gozo" não depende mais do sentido sexual, como é sugerido a partir da leitura de Freud, mas da *produção* de gozo que é correlativo ao próprio exercício da escritura. Assim, o Saber deve ser visto, sobretudo, como uma *produção* literal.

Este limite ao gozo manifesta-se também como uma falha, como uma falha irreversível que se abre em algum lugar da ex-sistência do *sujeito*, mantendo-o numa condição de exclusão e de alteridade, neste lugar onde habita. O que é perdido como gozo, pela interdição da Lei e que está no centro da ficção da própria constituição do *sujeito*, ele busca recuperá-lo como uma *produção* que é designada de objeto [*a*].

A instância da Lei, todavia, não corresponde a qualquer mandamento que venha do exterior, mas de algo que se realiza como um limite que toma sua autoridade em *lalíngua*, isto é, na própria estrutura da linguagem. Dessa maneira, qualquer coisa que concerne à ex-sistência do *sujeito* fundamenta-se em torno de um processo de normatização que está relacionada a essa condição que obedece à operação simbólica da "metáfora paterna".

Essa noção que abarca os *discursos radicais* institui vários laços sociais em que os *sujeitos* estão submetidos à função paterna e à castração. Nesse dispositivo normatizado, existe uma relação quase "natural" com esse "outro significante", com esse "outro lugar", estruturando uma demanda que está fundada sob a condição subjetiva de uma submissão à Lei do Pai.

Nestes diferentes *discursos oficiais*, pelo caráter normativo que obedecem e pelo grau de submissão que mantêm ao "objeto", o *sujeito* mesmo contra sua vontade vai estar sempre colocado numa condição de dívida ao Pai, a Deus ou a seus equivalentes. Em contrapartida, manterá também sempre presente, nestes diversos laços sociais, a idéia de um sacrifício relacionado à função paterna e a um estado de dependência a esse "objeto", causa do desejo e que se produz como gozo.

Com efeito, trata-se de uma dependência que o *sujeito* mantém à face imaginária e simbólica do objeto (*a*). Se, de uma maneira geral, esse "objeto" participa da montagem fantasmática que sustenta o desejo e institui certo campo de gozo, em outras condições, passa mesmo a ser regido por uma moral utilitária que lhe atribui uma condição de "mercadoria"[28], como no *discurso do capitalista.* Desta maneira, pode vir a ser compartido com outros semelhantes e ainda converter-se num valor de moda.

Colocada em circulação, essa "mercadoria" pode ser concebida como um bem do próximo e, como tal, passa a tomar parte de concorrências imaginárias que se recobrem de disputas ciumentas, amorosas ou agressivas. Ela se constitui num elemento de troca e de uso.

Todavia, ainda que apareça nas realidades do *sujeito* como um "objeto" travestido, predominantemente, de uma dimensão imaginária ou mesmo simbólica, ela contém, sobretudo uma consistência do real. Talvez, por isso mesmo, nessa escanção que se produz entre um valor de troca e um valor de uso do "objeto", Lacan introduziu, na psicanálise, a queda e a produção de (*a*). É sob essa condição que o objeto (*a*) toma o estatuto de causa de desejo e que, através de sua disposição metonímica, passa a se constituir num suporte ao *mais-de-gozar.*

Aqui, gostaria de convidá-los a refletir sobre algo que vem dar seguimento a essa questão do "objeto", do *sujeito* e de suas relações de gozo. Para tanto, será necessário se considerar que a distância e a prudência que o *sujeito* mantém com o "objeto" e a significação que lhe atribui é um fato de discurso e de estrutura que não acontece a todos os seres de linguagem da mesma maneira.

---

[28] Sob esta função que o discurso institui de renúncia ao gozo, o objeto a pode definir qualquer objeto resultado do trabalho como uma mercadoria. Essa condição é desenvolvida por Lacan em algumas aulas do seminário XVI, De um Outro ao outro.

Na literatura, em *avida* e, sobretudo, na prática da psicanálise, nem sempre as coisas acontecem desta maneira. Basta que se olhe numa outra direção, para que se possa identificar em nosso *im-mundo* de sombras, *sujeitos* que de uma maneira reiterada realizam atos, ações ou mesmo que participam de certas condições clínicas que ultrapassam as normas, colocando-se à margem da Lei; a procura de determinados "objetos" os fascina.

Para ilustrar alguns destes casos, quero me referir a estes *sujeitos* que participam de uma pluralidade de práticas sexuais e que são chamados de "perversos". Aos *sujeitos* que usam e abusam das drogas com laços de dependência. A certos tipos de delinqüentes ou mesmo àqueles que desenvolvem uma busca compulsiva [cleptomania] ou violenta do objeto. Refiro-me ainda àqueles que sofrem de uma ingestão descontrolada de alimentos, como em certos casos de bulimia, ou mesmo esse comer "nada" do anoréxico. Ao fascínio do jogador pelo acaso e, mais próximo aos nossos dias, à "adição" à internet, aos games...

Todas estas manifestações que de uma maneira ou outra passam a fazer parte de um discurso dominante, vêm revelar que o *sujeito* quando realiza qualquer uma delas, movimenta-se numa dimensão do espaço-tempo entre a Lei e a transgressão. Por suas diversidades clínicas, elas muitas vezes não têm sido consideradas como concernentes ao campo da psicanálise.

Todavia, desde que a psicanálise se define como uma prática discursiva que trata do *sujeito* e de suas vicissitudes, estas diferentes manifestações não podem ficar excluídas de seu campo. Dito de outra forma, pela implicação que elas mantêm com a Lei, pelas estreitas relações que guardam com o "objeto" e ainda pelo gozo que se produz quando cada uma delas se realiza, elas não devem ficar indiferentes ao discurso analítico e à sua leitura.

É interessante observar que, se a psicanálise opina algumas vezes sobre estas manifestações, quando o faz, desconhece certos traços invariantes que as coloca num mesmo grupo. Com efeito, embora tragam aspectos tão diferenciados, quando se as observa mais de perto pode-se identificar algo de invariante. De diferentes maneiras, elas rompem com a Lei, com a função paterna, com as normas e atacam os laços sociais. Por isso mesmo, vou insistir, o discurso analítico não pode deixá-las fora de seu alcance ou dirigir seu olhar sobre elas.

A esta altura poder-se-ia ainda perguntar: quais são as causas destas diferentes manifestações? Elas decorrem, simplesmente, de uma proibição do "menu", das ofertas de consumo, da bioquímica do cérebro, do DNA, dependem da mídia ou mesmo de questões sócio-econômicas?

Talvez não se deva sequer considerá-las como sendo causadas por uma única condição, mas que possam depender de um somatório delas. Aqui, no entanto, o que é singular é que, tratando-se do discurso analítico, não se pode deixar de levar em conta a presença de uma determinada condição à mais, de um "plus" de gozo que sempre se presentifica em cada ato do *sujeito* e que se deve acrescentar à cada uma destas manifestações.

Um componente *a mais* de gozo que se deve somar a qualquer uma destas possíveis causas, isolada ou conjuntamente. Esse acréscimo d*e gozo* revela uma implicação de qualquer uma destas manifestações com *lalíngua* e ainda com as diferentes consistências do corpo – o do real, o do imaginário e o do simbólico. Por isso mesmo, desde que elas se realizam subsumidas a um dispositivo de *discurso*, localizam-se num espaço entre o público e o privado, apagando-se essa divisão imaginária que muitas vezes busca-se instituir.

Algumas podem apresentar um estatuto mais público, como certas formas de delinqüência, a circulação das drogas promovida por seus usuários ou o roubo compulsivo. Outras vezes realizam-se através de uma condição mais privada, como a bulimia, a anorexia, o consumo das drogas ou mesmo as práticas sexuais. No entanto, o que é preciso não se perder de vista é que estas "manifestações", como efeito de *discurso*, realizam-se numa dimensão do espaço-tempo que é comum para ambos: o privado e o público.

Ainda gostaria de colocar mais uma questão: é possível que estes *discursos radicais* concedam um lugar para este *sujeito* que caminha, que "erra" à margem da Lei e que realiza alguma destas diferentes manifestações?

Mesmo que se possa dizer que de, uma maneira ou de outra, a psicanálise sempre esteve preocupada com elas ou ainda, que elas devam mesmo fazer parte do discurso analítico, até o momento, não se pode garantir que existam respostas que satisfaçam à sua maioria. Por isso mesmo, para não deixá-las à margem, tenho sugerido um novo *discurso* que as contemple.

Embora se diferencie dos chamados *discursos radicais*, ele mantém laços internos de implicação. Constitui-se também como um "artefato de quatro patas", como um tipo de laço social que vem determinar *outras normas* que passam a regular as relações do *sujeito* com o "objeto". Um discurso que institui uma outra forma de gozo.

Cada vez que uma destas manifestações se realiza – o *sujeito* que se droga, o que não anda bem na hora de comer, o jogador, o que realiza práticas sexuais "marginais",[29] certos tipos de delinqüentes – cada um, entre outros e à sua maneira, trata de evitar ou busca preencher esse "buraco" que existe nele mesmo e em sua ex-sistência. O que é essencial é que tratam de realizar essa operação de uma forma diferenciada da submissão à Lei ou de uma injunção à função paterna.

Para dar um desenvolvimento a esta questão, vou me utilizar de um pequeno desvio. A partir de um certo momento de seu ensino, Lacan fez uma ruptura com a lingüística e o estruturalismo, acentuando a importância do real, como centro da experiência analítica. Com isso o "outro real" de *lalíngua* passava a se escrever a partir dessa *noção da letra*.[30] Essa condição veio instaurar um limite entre as consistências do real e do simbólico, desenvolvendo a própria noção de *semblante*, no ensino de Lacan.

Tenho tomado, em outras ocasiões, essa passagem que desloca o centro da experiência analítica do simbólico para o real, como a indicação de uma

[29] Aqui, o significante "marginal" trata de sinalizar um lugar, uma posição que está fora do centro, excluído da lei normatizadora do Pai. Não se trata de uma atribuição de valor que escapa aos costumes sociais.

[30] Embora Lacan tenha tratado dessa noção da *letra* em vários momentos de seu ensino, propondo modificações onde enfatizava sua importância na lógica dos discursos, quero chamar atenção para os seminários XVIII, *D'un discours qui ne serait pas du semblant* (1971) e *Le Savoir du psychanalyste* (1971/72) – documentos internos da Association freudienne internationale. E ainda em Radiophonie, em Scilicet 2/3, Seuil, Paris, 1970

leitura da "psicanálise pelo avesso".[31] Aqui, ao conceber a noção dos *discursos* como uma pura operação de letras, Lacan não só veio destituir a função da fala de um prestígio que desfrutou durante muitos anos na condução de uma análise e em seu ensino, como abriu caminho para novas idéias.

Para afirmar essa função da letra, logo nas primeiras aulas do seminário "De um discurso que não seria do semblante"[32], Lacan considerou que a *noção de discurso* deveria guardar sempre uma relação com o objeto(*a*) que passava, nessa ocasião, a adquirir um estatuto de "semblante". Uma condição que vinha regular uma nova economia para esse dispositivo linguageiro identificado como *discurso.*

Embora essa noção de "semblante" coloque um acento sobre a idéia da "aparência", Lacan o concebeu como algo "típico da natureza". Como algo que vinha sustentar o próprio discurso das ciências, a observação dos astros, das constelações e dos meteoros e que mais tarde passou a fazer parte, todos os dias, de nosso destino.[33] Assim, falar de "semblante", não corresponde simplesmente a uma "outra coisa", nem mesmo a algo que se defina "por não querer dizer nada".

Deve ser considerado, sobretudo, por sua equivalência ao estatuto de letra ou a essa idéia que vai estar relacionada ao "significante em si-mesmo" e, como tal, faz limite entre o simbólico e o real. Assim, essa noção do "semblante" deve levar em conta duas condições. A primeira, através de um ponto de vista "genitivo subjetivo", à medida que todo "discurso por sua própria natureza faz semblante" ou, sobretudo, porque "... todo discurso é do semblante".[34] A segunda, no sentido "genitivo objetivo" e, aqui, é o próprio objeto *(a)* que toma o estatuto de "semblante". Desta maneira, o "objeto" passa a ordenar os lugares do *discurso* e vem instituir

---

31 Souza, A., *A psicanálise pelo avesso.* Trabalho apresentado na X Jornada de Psicanálise do Espaço Moebius em Novembro de 2000. A ser publicado.

32 Lacan, J., Sem. XVIII, *D'un discours qui ne serait pas du semblant* (1971). Publicação interna da Association Lacanienne Internationale.

33 Lacan, J., Sem. XVIII, *D'un discours qui ne serait pas du semblant*, aula de 13/01/71. Documento interno da Association freudienne internationale.

34 Id., Ib.

uma economia de renúncia ao gozo que fica implicado a esse dispositivo linguageiro.[35]

Mas o que estes comentários têm a ver com o *discurso do a-viciado*? Uma primeira aproximação diz respeito a essa referência do objeto (*a*) como "semblante". Como tal, vem determinar que essa noção de *discurso* acentua a condição de uma "teoria autônoma da letra". Um fato linguageiro que traz suas conseqüências, pois o *discurso* como um dispositivo literal passa a ser olhado também sob um estatuto matemático ou mesmo de um ponto de vista topológico.

Como me referi anteriormente, se o *lugar do agente* esteve de início relacionado à função da fala, com o desenvolvimento da noção de "*semblante*", a natureza dessa noção de *discurso* vai estar mais submetida à presença da letra e, desta maneira, a uma consistência do real. Isso vem atribuir uma importância aos "sulcos" que a letra produz e que vêm determinar efeitos sobre o *sujeito*, que estão além ou aquém do imaginário e do simbólico.

Por isso mesmo, para formalizar o *discurso do a-viciado*, vou sugerir que, pela importância que o "objeto" adquire nestes diferentes casos, o *lugar de dominância* deve estar ocupado pelo objeto (*a*), pela letra (a). Ainda que no *discurso do analista*, o objeto (a) também ocupe essa posição, ele o faz com uma outra função, como causa do desejo e como um ordenador de gozo, do analisante. Aqui, como veremos mais adiante, o objeto (a) vai tomar uma outra consistência e desempenhar uma outra função.

O *lugar do* "*outro*", do "outro significante", será ocupado pelo Saber [S_2]. Nos *discursos radicais*, o Saber, quando ocupa esse lugar, constitui-se como uma dádiva do Pai que vem causar no *sujeito* uma ordenação, uma regulação do gozo ou mesmo uma intimação de uma renúncia ao gozo. Isso quer dizer que, desta maneira, o próprio Saber converte-se num meio de gozo, que se realiza através do "trabalho".[36]

Se é assim que o neurótico é beneficiado com o Saber, aqui, esse suposto Saber que o Pai detém sobre o gozo não é recebido pelo *a-viciado*

---

35 Por isso mesmo, Lacan vai também nomear o lugar de agente nos discursos radicais de "lugar do semblante".

36 Um dos nomes com que Lacan também nomeou esse lugar do "outro significante": trabalho.

como uma dádiva. Desde que ele procura destituir o Pai de sua função e trata de usurpar seu lugar, como um corolário, busca também adquirir o Saber a qualquer custo e sem limites. O *a-viciado* passa a fazer uso do Saber só em seu benefício.

Desta maneira, o que se realiza, e de uma forma paradoxal, é uma privação desse Saber que é atribuído ao Pai. Como uma conseqüência dessa condição discursiva, na falta desse Saber que o Pai detém, modifica-se a própria relação do *sujeito* com o "objeto" e com o gozo, instalando-se ainda um movimento que desencadeia um tipo de rivalidade que vem tomar uma das expressões do que se nomeia, desde Freud, de "mal-estar na cultura".

Desde que o *a-viciado* não tem mais assegurado uma renúncia ao gozo, modifica-se sua própria identidade de *sujeito*. Assim, procura estender cada vez mais seus limites, à espera de algo que, na realidade, possa detê-lo em sua direção ao gozo. Isso é, algo que venha garantir uma posição subjetiva, independente da função paterna.

No *lugar da produção* presentifica-se o *significante-mestre* [S_1], com o qual *o a-viciado* procura se representar. Espera fundar e legitimar sua subjetividade, nesse "outro lugar" e entre-outros. Todavia, a ruptura com a função paterna impossibilita essa operação, pois sem a presença da Lei, perde a referência do lugar de onde poderia reclamar sua filiação, sua autoridade ou mesmo sua inserção na ordem simbólica.

Não tendo, portanto, sua autoridade sustentada pelos nomes-do-pai, o *significante-mestre* deixa de ser um referente de sua "hystória". E, como tal, assegurar sua identidade sem passar pela função paterna é algo que nunca lhe será concedido, pois se trata de uma condição impossível de se realizar. Desde que o *im-mundo* do sujeito é essencialmente simbólico, a presença da Lei do Pai torna-se uma condição necessária e lógica para definir sua ex-sistência.

Isso quer dizer que o *sujeito* não pode construir por sua própria conta suas insígnias e seus "emblemas". Nestas circunstâncias, elas passam a ter um valor de "grafite", de "tatuagem", de "piercing", entre outros. Estes sinais ou adornos sobre a pele tomam um estatuto de "letra" e converte-se em marcas de gozo, do gozo desse *Outro* que mesmo não existindo cobra seu preço. Um mais-de-gozo que o *a-viciado* terá que pagar.

Por fim, no *lugar da Verdade*, é o próprio *sujeito* [$] que passa a ocupá-lo. O *a-viciado* encontra aí o preço mais radical de sua desubjetivação.

Em primeiro lugar, por ser aspirado pelo objeto (*a*), que ocupa esse *lugar de dominância*. Em segundo lugar, pela impossibilidade de ter acesso a esse significante [S_1] que tem sua autoridade implicada na função paterna e que viria representá-lo. Isso quer dizer que o *a-viciado* fica excluído de ter acesso às insígnias que lhes seriam transmitidas pelo Pai.

Aqui, vou sugerir a escritura que nomeei de *discurso do a-viciado*. Um dispositivo linguageiro que, embora mantenha relações com o discurso do capitalista, traz suas diferenças essenciais:

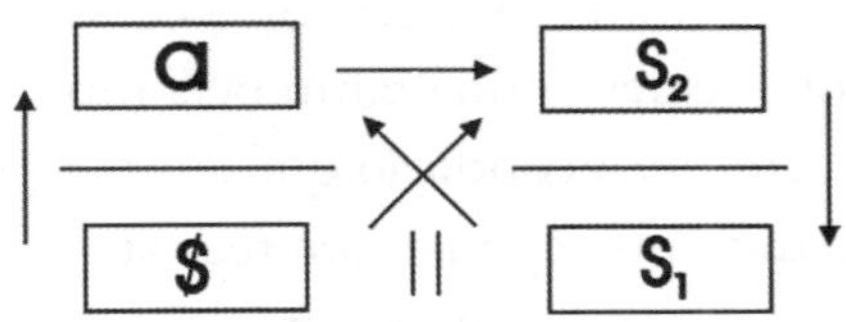

Após matemizá-lo, vou procurar tirar outras inferências que possam justificá-lo. Os *a-viciados*, ao se movimentarem a margem da Lei, têm suas relações com o "objeto" modificadas. Por isso mesmo, passam a ocupar um espaço que está além ou aquém da estrutura metonímica do desejo ou mesmo da estrutura metafórica que constitui o próprio sintoma psicanalítico.

Em cada uma destas "manifestações", pelo tipo de gozo que se realiza, afetando as diferentes consistências do corpo – do real, do simbólico e do imaginário – e as diversas maneiras que são desenvolvidas para a apropriação e uso do "objeto", gostaria de propor que se as considerassem como "fenômenos". Diferentes tipos de "fenômenos sociais".

Aqui, a idéia de "fenômeno" torna-se equivalente a um evento que acomete o *a-viciado* com efeitos do real. Algo que o afeta sob a forma de um determinado tipo de gozo destituído de qualquer relação com o Saber inconsciente. Cada um destes fenômenos realiza-se numa economia que modifica a posição do *sujeito* na estrutura do fantasma fundamental e, como um corolário, o exclui do campo do desejo. Como me referi acima, ele passa a utilizar-se dessa condição como "vontade de gozo".

Quanto ao "social", trata-se de algo que faz parte de um *discurso* que se especifica por um determinado tipo de operação que deveria incluir a topologia do significante. Todavia, nestas diferentes condições, por construir uma solução privilegiada que o faça suportar estes efeitos do real e a dor de sua *ex-sistência*, ele não mais se serve do estatuto do desejo e do fantasma fundamental. A operação que o afeta exclui-se do recalque ou do desmentido.

Em sua escritura, mesmo que o *discurso do a-viciado* mantenha laços internos com os *discursos radicais*, já que também constrói-se como um dispositivo de letras que se organiza sob um ponto de vista tipológico e, sobretudo, topológico, seu funcionamento toma outra direção. Em oposição aos *discursos oficiais*, esse dispositivo literal institui entre o *sujeito* e o "objeto" um espaço privado onde se desenvolve certo tipo de "pregnância", isto é, uma relação que se determina tanto pela forma como pela natureza verbal do "objeto"[37], sob uma condição que altera a prudência do *sujeito.*

Isto se faz à medida que o *a-viciado* recusa a estrutura do fantasma fundamental, ou mesmo toma uma posição diferente daquela em que é aspirado pelo "objeto" no *discurso do capitalista.*

Assim, entre o *a-viciado* e o "objeto" desencadeia-se uma interferência mútua que lhe produz efeitos singulares. Sem que possa também saber nada do que lhe acontece, o *sujeito* fica submetido a um forte poder de atração desencadeado por um "a-objeto" singular que se expressa numa produção de gozo que o seqüestra. Uma condição de dependência que pode se estender a outros *objetos* que se encontrem em sua periferia.

Nestes "fenômenos sociais", portanto, desenvolve-se algo com o "a-objeto" de uma outra natureza, diferente daquela que se mantém quando o *sujeito* tem suas relações normatizadas pela função paterna e pela castração.

Aqui, quero convidá-los a considerar essa relação do *sujeito* com o "a-objeto", no *discurso do a-viciado.*

---

[37] Thom, R., *Entretien sur les catastrophes, le langage, et la métaphisique extreme,* Ornicar. N. 16, Bulletin périodique du Champ freudien, Seuil, Paris, 1978.

Trata-se de uma condição discursiva que institui um determinado campo de gozo onde o "objeto" adquire uma autonomia, construindo um dispositivo que captura e destitui o *sujeito* de sua subjetividade. O *a-viciado*, desta maneira, desenvolve um tipo de relação com o "a-objeto" numa condição em que se pode chamar de "acéfala", num tipo de relação que se pode caracterizar como uma "subjetivação acéfala", uma expressão que Lacan usa diversas vezes.

Aqui, vou utilizar, mais uma vez, de um tipo de *leitura em diagonal* dessa noção que Lacan elaborou em diversos momentos de seu ensino.[38] Trata-se de uma leitura para essa ocasião.

Nestas condições, o "objeto" adquire um valor equivalente àquele que se realizava no "tempo dos mistérios", quando ficava colocado na porta dos templos e era adorado como esse "semblante de órgão" designado por "Phalus". Para enfatizar essa posição, Lacan o tomou numa das aulas do seminário XVIII[39], através de um jogo homofônico do significante *acéfalo* ["acéphale"], com *acefalia* ["acéphalie"], *acefálico* ["acéphallique"] e ainda com *bastante falo* e *bastante fálico* ["assez phalle" e "assez phallique"].

Quero ser prudente nesta questão, pois essa condição que proponho cria através desse dispositivo discursivo, um lugar onde o "objeto" realiza-se para o *a-viciado*, com uma propriedade diferente daquela do *phalus*. Vou usar ainda esta expressão que Lacan utiliza algumas vezes, isto é, de uma maneira "*mais que fálica*". Aliás, nestes diferentes "fenômenos", o objeto adquire uma condição que se pode considerar de uma natureza mágica, forçando o *a-viciado* a buscá-lo, a guardá-lo, a consumi-lo e a "se consumir" através dele. O "a-objeto" o aspira de uma maneira diferente do que uma "latusa" ou uma "latúsia"[40] poderia fazê-lo, como acontece no *discurso do capitalista*.

---

[38] Lacan, J., Sem. XI, *Les quatre concepts fondamentaux de la psychanalyse*, Seuil, Paris, 1973, aula de 13/05/64.

[39] Lacan, J., Sem. XVIII, *D'un discours qui ne serait pas du semblant*, aula de 09/06/71. Documento interno da Association freudienne internationale.

[40] Lacan desenvolve essa questão, numa das aulas do sem. XVII [20/05/1970]. Mais tarde, no sem. XXIII, "O Sinthoma", ele volta a se utilizar de algo semelhante, colocando o objeto (*a*) no centro do nó borromeano, de onde ele aspira o inconsciente.

Aqui, no *discurso do a-viciado*, o objeto (*a*) realiza-se num dos limites de seu desvelamento, adquirindo uma outra função de (*a*). Ainda que possa aparecer travestido de uma dimensão imaginária ou simbólica e venha a ser regido por uma moral utilitária, ele adquire uma "substancialidade", apresentando-se diferente do que acontece nos *discursos radicais*, onde o "objeto" constitui-se sempre negativado e esvaziado de substância.

Nestes discursos oficiais, o "objeto" toma o estatuto de um "buraco" *em-forma* de (*a*) e adquire a função de canalizar o gozo ou mesmo de construir e participar das diferentes realidades do *sujeito*. Sempre normatizado e submetido à Lei, o *sujeito* detém-se com insatisfação, prudência ou mesmo reserva diante do "objeto" que convoca seu desejo. Ou, como acontece no *discurso do capitalista*, onde aparece para ser consumido ou mesmo sendo utilizado, na pós-modernidade, para despertar a demanda e relocar o sujeito como desejante.

De uma maneira que se pode considerar até mesmo paradoxal, no *discurso do a-viciado*, o "*a*-objeto" adquire um novo valor, uma outra função. Com efeito, ele modifica sua função de "semblante" e, desta maneira, vai seqüestrar o *sujeito*, alterando sua posição subjetiva e forçando-o muitas vezes a atuar ou mesmo obrigando-o a agir. Estes diferentes "fenômenos" vêm testemunhar não só uma ruptura com a Lei, mas um tipo de submissão a essa outra consistência do "objeto", do qual o *a-viciado* passa a depender.

Nestes casos, tenho sugerido para o "objeto" uma consistência *imaginariamente real*. Isto quer dizer, que embora o "objeto" mantenha-se com seu estatuto de base – *é do real* – ele se recobre de uma miragem, aparece como algo que atrai e fascina o olhar, desperta o gosto, tem agregado diferentes tipos de valor que captura o *a-viciado*, que passa a constituir-se num observador, num consumidor, num usuário com laços de dependência.

Essa condição tem sido confirmada muitas vezes na prática da análise por certos enunciados que tenho escutado de meus analisantes: "a comida me atrai", ou "é a droga que me escolhe e diante dela fico indefeso", "ela bate na minha porta". Ou ainda, uma analisante para se referir à atração que um determinado "objeto" lhe causava, lembrava-me da estória da "cobra com o sapo".

Diferente da versão corrente, sob o olhar da cobra e de sua convocação, o sapo já sabe o que vai acontecer; ele fica "entregue", hipnotizado e vai sendo arrastado na direção de uma boca que está pronta para pegá-lo. Sem poder evitar esse impulso para uma morte antecipada ou mesmo anunciada, sua última e única fala possível resumia-se à expressão: "fui!".

Embora, anteriormente, em torno deste tipo de relação do sujeito com o "a-objeto", tenha me referido aos perversos, gostaria de chamar atenção para algo que tem toda sua importância nesta ocasião. Esse dispositivo de *discurso* não coloca o *a-viciado* como fazendo parte dessa entidade clínica: a "perversão". Ao contrário, o *discurso do a-viciado* abrange uma franja bem mais ampla de manifestações que pode incluir também alguns destes sujeitos que tradicionalmente, são chamados perversos.

O que é sutil a se considerar nestes casos é que para estes diferentes fenômenos realizarem-se desta maneira neste *im-mundo* de *lalíngua*, algo diferente da castração ou do desmentido deve ocorrer. Refiro-me a um tipo de operação mais radical que estas anteriores. Um tipo de operação que considerei como equivalente a uma *foraclusão da castração.*

Uma operação localizada, focal, que traz suas consequências. Lacan, no seminário "O *Saber do Psicanalista*", a propósito da "Verwerfung", diz o seguinte:

> *"não é porque a Verwerfung torna louco um sujeito, quando se produz no inconsciente, que ela não reina a mesma e pelo mesmo nome de onde Freud a toma emprestado, que não reina sobre o mundo como um poder racionalmente justificado"* [41].

Trata-se de uma operação, portanto, que, fugindo da idéia da experiência, faz coexistir no *a-viciado* diferentes correntes psíquicas que só se realizam pelos efeitos que produzem. Uma operação que não deve ser concebida através de um funcionamento maciço, como muitas vezes se pensa.

A "Verwerfung" funciona como um filtro que seleciona o que pode passar ou não pode passar, numa determinada relação de espaço-tempo

[41] Lacan, J., *Le savoir du Psychanalyste*, aula de 01/06/1972. Publicação interna da Association freudienne internationale.

que vem modificar o estatuto das realidades do *sujeito*. Esse fato discursivo possibilita também ao *a-viciado* ter acesso a diferentes "mundos possíveis" que, embora construídos pela própria estrutura de *lalíngua*, não levam em conta a dialética do desejo ou a estrutura do *fantasma fundamental*.

Um outro efeito que tem toda importância a considerar-se é que a *foraclusão da castração* exila também o *a-viciado* desse Saber inconsciente que interdita o gozo. Dito de outra maneira, o exclui das possibilidades de se beneficiar do próprio Saber inconsciente. Ele não se defende, portanto, do real que o seqüestra com o Saber inconsciente.

Aqui, o *a-viciado* sofre os efeitos desta transmutação da *natureza* do "objeto" e, por isso mesmo, tem alterado seus limites. O "a-objeto" não só torna-se mais sensível para o *sujeito*, como adquire uma *forma* e condição de uma aquisição possível.

Ao ter modificado seu estatuto, o "a-objeto" impõe-se nestes diferentes "fenômenos sociais", convertendo-se nessa condição em que "é mesmo disso que se trata": um olhar, um bem do outro, algo a ser ingerido ou destruído, a dor ou mesmo algo que a "fortuna" vai presentear, até mesmo um cadáver para o necrófilo. Essa "substancialização" do objeto (*a*) abole a condição desejante do *a-viciado*, sua prudência e tolerância, para convertê-lo num viciado do objeto.

Desde que o "objeto" adquire um valor de "feitiço", a crença que o *a-viciado* desenvolve em relação a ele determina uma perda de sua capacidade para fazer suas escolhas. Torna-se uma presa fácil. Numa posição próxima àquela do sujeito no *discurso do capitalista*, ele passa a ser "escolhido" como usuário, convertendo-se num dependente e tornando-se mais vulnerável ao afastamento ou à ausência deste "a-objeto" que o escolhe.

Instala-se uma condição ambígua em sua ex-sistência. Se por um lado, o *a-viciado* deixa de fazer escolhas e é seqüestrado pelo "objeto", em contrapartida, mantém a ilusão de suas escolhas. O que desconhece é que sempre capitula, abaixa as armas diante desse "objeto" de natureza "enfeitiçada", sem o qual nem mesmo consegue viver.

Este fato de estrutura e de discurso desenvolve-se quase como um delírio, favorecendo a ilusão de que pode "saber" sobre a verdade do gozo que esse "a-objeto" lhe causa e algum benefício que pode tirar de seu uso. É a maneira que o *a-viciado* encontra para se harmonizar nessa posição de usuário com traços de dependência.

Vou insistir sobre esta questão. Desde que o *a-viciado* perde seus limites, o "a-objeto" adquire uma *dominância*, um poder, um tipo de paixão que o seqüestra e o fagocita. Esse fato de discurso vai colocá-lo no nível mais radical de seu desvelamento, já que perde sua subjetividade e se transforma num "sujeito puro do gozo". Talvez se possa dizer que nestes casos o *sujeito* desidentifica-se, perde suas referências simbólicas e se afasta da Lei, das normas e de seus deveres.

Outra propriedade ainda a se considerar destes "fenômenos sociais" produzidos pelo "a-objeto" é que eles se realizam nos limites de um espaço-tempo que também determina um ponto de ruptura com a *função paterna*. Por isso mesmo, alteram-se as normas instituídas e os diferentes laços sociais. Uma condição onde o *a-viciado* recusa e passa a dizer *não* a certos valores da cultura.

Aprisionado nesse dispositivo linguageiro, torna-se incapaz de instituir qualquer reserva quanto ao valor que o "a-objeto" possa ter para sua ex-sistência. Fica impossibilitado de construir uma posição subjetiva que lhe capacite a produzir algum tipo de intervenção no campo do "outro significante".

O *a-viciado* não pode desenvolver argumento que detenha a atração irresistível que o "objeto" lhe causa ou mesmo que possa colocar limites no valor que o "*a*-objeto" tem adquirido. Esse fato discursivo, como já me referi, determina também no "objeto" uma modificação do seu *valor de troca* para um *valor de uso* exacerbado.

O sujeito colocado à margem da Lei e sem qualquer garantia simbólica que o estabilize, procura realizar quase sempre novos tipos de laço social. Trata de efetivá-los através de grupos, bandas, "famílias", "tribos", chegando a desenvolver relações "idealizadas" ou místicas entre seus pares e, sobretudo, com o próprio "*a*-objeto", que pode mesmo tomar uma vertente "sagrada". Assim, mesmo que estes diferentes "objetos" sejam considerados como uma "fonte do bem", eles se realizam para o *a*-viciado como uma "fonte do pior", já que a prática da psicanálise não cansa de revelar que o bom e o mau não se separam e que o que sustenta o desejo é o horror.

Mais uma vez vou referir-me que, de uma maneira equivalente ao que Lacan inferiu para estes *sujeitos* chamados perversos, também o *a-viciado* transforma-se num "homem de fé", cada um a seu modo. Ele busca como um ideal encontrar essa condição que se poderia considerar aquém ou além dos limites da castração, embora sua posição diante do "objeto" passe ao largo.

A injunção que o "a-objeto" lhe causa aponta para essa recusa de uma descontinüidade que a castração institui. A realização destes diferentes fenômenos traz ou mantém o *a-viciado* sempre nessa condição em que espera recuperar na realidade algo que lhe faz falta no simbólico. Uma falta estrutural que existe nesse "Outro", que mesmo não existindo, o sujeito crê em sua ex-sistência, acredita nele.

Aqui, vou fazer um deslocamento nesta questão, escrevendo esse "Outro", com uma grafia diferente. Vou matemizá-lo com um [h] na frente, "houtro" ["hautre"][42] para denotar essa condição que Lacan enunciou em certo momento de seu ensino. Esse "houtro" como vazio, sem limites e que passa a incidir de uma maneira efetiva sobre a ex-sistência do *a-viciado.*

Vou ainda acrescentar algo sobre o gozo. O tipo de gozo que afeta o *a-viciado* em cada um destes *fenômenos*, paradoxalmente, pode levá-lo a considerar em alguns momentos o *corpo do Outro*. Com efeito, se esse dispositivo de gozo pode manter a ilusão de algo a ser compartido entre alguns semelhantes que possam fazer parte de uma "mesma comunidade", de uma maneira mais rigorosa, deve-se dizer que estes efeitos de gozo não podem ser compartilhados.

Em nenhum momento o *a-viciado* pensa essencialmente nos "outros", em nenhum momento o "outro" conta de uma maneira efetiva. É cada um por si. Nestas condições, realiza-se de uma maneira incisiva gozar

---

[42] Lacan, J., *Le savoir du psychanalyste*, aula de 03/03/1972. Documento interno da Association Freudienne.

do próprio corpo, sem contar com o "outro", mesmo que muitas vezes este outro possa estar fisicamente presentificado.

Participando dessa condição discursiva, o *a-viciado* passa a acreditar na possibilidade de realizar uma condição "impossível". Isto é, crê na "possibilidade" de fundar uma nova subjetividade sem manter uma dívida com o Pai. Assim, na tentativa de restaurar a subjetividade que continuamente lhe escapa, vai franqueando desafios e limites cada vez maiores, submisso a esse valor imaginário que o "objeto" detém, para um uso exacerbado. Sem uma garantia que lhe possa ser oferecida pelos "nomes-do-pai", ele não terá um reconhecimento que o estabilize. Torna-se, cada vez mais, um "fora-da-lei".

Destituído de seus valores simbólicos, coloca-se cada vez mais à margem da "lei", não só em relação à função paterna como à lei social. Assim, não mais importa sua posição sexuada, a família, os valores da cultura, a religião. Desde que passa a viver nos limites destes novos laços sociais, na falta de uma Lei que tenha sua autoridade sustentada pelos significantes *nomes-do-pai*, estabelecem-se normas e leis sempre mais rígidas, "leis reais" que vêm garantir e regulamentar estes novos laços.[43]

A "lei" que o *a-viciado* busca e encontra, ou melhor, busca – busca até que ela o encontre – é sempre uma "lei do particular", que passa a ser executada por representantes encarnados: autoridades educativas, médicas, policiais e carcerárias. Nestas condições, encontra-se sempre abolido o valor da função paterna ou acentua-se, cada vez mais, sua deterioração. É uma "lei", portanto, diferente daquela que deveria ser transmitida pelos *significantes nomes-do-pai* e compartilhada em iguais condições na cultura[44].

Como um corolário, por causa desta "lei real", seus atos e ações adquirem um estatuto simbólico e, como tal, passam a ser realizados em função de uma referência a esse "*houtro*", vou insistir, que nem mesmo existe. Por isso mesmo, na falta de um reconhecimento do Pai, o *a-viciado* sofre um

[43] Lacan, J., *Fonctions de la psychanalyse en criminologie*, Écrits, Seuil, Paris, 1966.

[44] O mal-estar da cultura é causado pela rivalidade desencadeada nesta suposição de um saber sobre este gozo do Outro, que mesmo não existindo, o sujeito se imagina privado.

tipo de injunção em que se torna mais disponível a agir e atuar num certo automatismo. Capturado por esse "objeto" que *o faz puro gozo*, que o faz ocupar o lugar do gozo[45], abre-se sempre um novo ciclo de repetição. Não há descanso, não há trégua para o *a-viciado*, em relação a esse objeto que o fascina de diferentes maneiras.

Nesse campo de gozo que se institui, o *a-viciado* vê-se sempre às voltas com um "objeto" cuja aparência e sentido talvez não tenham tanta importância. Excluído da dialética do desejo e exilado do sistema de trocas, não importa se o "objeto" toma forma do *nada* da anoréxica, à medida que rechaça os signos de sua feminilidade; se os aceita é para funcionar sem carne e sem sexo. Refiro-me ainda a um bem do próximo, a droga, a dor, como partes do corpo ou mesmo como partes do vestuário do outro. O que se configura de essencial é que o "a-objeto" se ilumina, adquire um brilho que o fascina, que sempre o encandeia.

O *a-viciado*, sem saber como isso lhe acontece, é lançado nessa condição submissa e alienada, onde tendo *sido o escolhido*, converte o "*a*-objeto" num valor exacerbado e narcíseo de uso, como me referi anteriormente. Por isso mesmo, é destituído dessa condição de transitivismo que serviria para uma primeira identificação e que possibilitaria a construção do eu [*moi*]. Uma condição que coloca o objeto numa posição de estranheza, capaz de desencadear angústia. Uma condição que acrescenta valor às síndromes de abstinência.

Esse fato modifica ou mesmo determina uma perda da representação imaginária que possa ter dele mesmo, através do eu [*moi*], não mais levando em conta sua concorrência com o outro semelhante. Se nestes casos já existe uma transmutação dos valores simbólicos, aqui também se altera seu estatuto imaginário.

Outra condição essencial destes fenômenos sociais é que o "objeto" adquire formas necessárias que despertam a cobiça de seu futuro usuário, favorecendo sua posição de seqüestrado. A crença, a fé de que o "a-objeto"

---

[45] Lacan, J., Subversion du sujet et dialectique du désir ..., Écrits, Seuil, 1966, p. 819.

pode aliviar a dor de sua ex-sistência mantém o *a-viciado* sob a condição de uma "obnubilação" da consciência[46] permanente. Isso o torna "vulnerável" à presença ou mesmo à ausência do "objeto".

Dito de outra forma, o fascínio que o "objeto" causa com sua presença, por sua privação ou até mesmo por sua ausência, desperta-lhe um impulso incontrolável, onde os meios de sua aquisição ganham prioridade. Eles passam a se constituir numa ação organizada pelo rapto, pela violência, numa busca descontrolada e sem limites para "adquiri-lo". Rompem-se, nestes casos, os limites da intermediação simbólica que ultrapassam o caráter puramente imaginário de sua presença. O *sujeito* constitui-se num *viciado do objeto*, num *viciado do objeto a*, num *a-viciado.*

Diante desse "objeto" que toma características diversas, escopofílicas, muitas vezes sado-masoquistas ou mesmo com outras polaridades pulsionais, o *a-viciado* baixa a guarda, deposita as armas e, sem resistência, vai se convertendo num usuário com laços de dependência cada vez maiores. Essa condição de submissão que o "*a*-objeto" desperta e impõe é auxiliado muitas vezes pela química, que passa a ter toda sua importância nos momentos de interrupção ou de abstinência de seu uso.

Nestes fenômenos sociais, em virtude dessa natureza enfeitiçada que o "objeto" adquire, em sua falta ou mesmo quando se encontra a certa distância, desencadeia-se um estado de urgência que o obriga a buscá-lo de uma forma imperativa, não importando os meios para fazê-lo. Nestas condições, rompe com os limites da Lei e também com as normas do convívio social.

O que é interessante observar é que, por esta natureza mágica ou enfeitiçada do "a-objeto", muitas vezes basta sua proximidade ou mesmo a condição possível de tê-lo à mão, quando necessário, para que lhe produza um aplacamento, um tipo de acomodação. O gozo que o *a-viciado* experimenta a cada apropriação que faz desse "objeto" que se tornou possível, quando é olhado por ele, quando o consome [e é "consumido"], quando

---

46 Ver o comentário feito por Lacan em *Fonctions de la psychanalyse en criminologie*, Écrits, Seuil, Paris, 1966, p. 143.

o estoca determina-lhe uma condição submissa e alienada de "sonolência" ou até mesmo de uma certa "normalidade".

Todavia, trata-se de uma condição que se coloca de uma maneira paradoxal, pois quando *possuído* pelo "objeto", quando seqüestrado, o *a-viciado* celebra sempre um fracasso de seu encontro. Uma condição que o relança cada vez mais nesse "buraco" de sua ex-sistência e que o impulsiona a repetir ações e atos que se realizam à margem da Lei.

Pela posição privilegiada que o objeto (*a*) ocupa, nesse *lugar de dominância*, gostaria de incluir ainda duas outras considerações a propósito do *discurso do a-viciado*, em oposição ao *discurso do analista*.

Neste último, portanto no discurso do analista, o objeto (*a*) ocupa o *lugar de agente* e possibilita a construção do *fantasma fundamental* a partir desta "conexão" [*a* → $]. Uma montagem que sustenta a dialética do desejo, organiza a estrutura do sintoma e ainda mesmo que venha revelar uma tendência "perversa" do *sujeito*, uma "pai-versão" ou esse movimento que faz na direção de uma "*vari[e]dade*" de versões do pai, institui-se um limite ao gozo do Outro, que não existe.

No *discurso do a-viciado* ocorre algo de outra natureza. A presença invariante dessa "*substancialidade*" do objeto, que se escreve na díade objeto (*a*) sobre o *sujeito dividido* [a / $], ao contrário, realiza-se uma injunção de gozo. Trata-se, portanto, de um dispositivo de discurso que exclui o *sujeito* da economia do desejo e o convoca a gozar, talvez com esse impulso que se poderia creditar à voz obscena e feroz do supereu: "goza!". É preciso gozar cada vez mais.

Por fazer parte deste dispositivo discursivo que não lhe dá qualquer garantia, o *a-viciado* é sempre lançado para novas aventuras. Procura sempre repetir um ato ou uma ação que possa lhe restituir um lugar anteriormente perdido mas que, em última instância, nunca lhe pertenceu.

Isso o obriga a procurar cada vez mais esse "a-objeto", fragilizando seus laços sociais e realizando a presença de uma *odioamoração* manifesta que revela, para cada um, o que Bataille chamou de "parte maldita".

Ao se relacionar com esse "objeto maldito", o *a-viciado* passa a participar de um jogo com cartas marcadas, com o "mestre supremo". Um jogo que já tem seu resultado antecipado para algum momento: a desubjetividade e a assunção de uma das diferentes máscaras da morte.

Essa condição discursiva pode desencadear um movimento para uma maior adição ou mesmo para novas adições. Isso quer dizer que a "over dose" para os *a-viciados* não corresponde, simplesmente, a um acidente de percurso, como muitas vezes se interpreta, mas a uma condição já prescrita no discurso. Espera só um momento adequado, uma contingência para se realizar, quando o momento de concluir inclui o tempo de compreender e o instante de ver.

Todavia, nestes limites em que *avida* transcorre, de uma maneira paradoxal ele vai colocando-se à procura de uma "lei" que possa controlar e limitar sua errância. Nestas condições, quanto mais retarda seu encontro com a Lei do Pai, que pode organizar e limitar seus desencontros como o "objeto", vai-se delineando cada vez mais esse lugar de chegada, para vestir diferentes máscaras do "mestre supremo": a morte. Quase sempre o faz através de uma de suas apresentações mais radicais e contingentes, que se constitui na interrupção do próprio ciclo biológico de *avida.*

Na condução de uma análise para os *a-viciados*, mesmo que possa haver uma aptidão à transferência, a relação que mantém com esta *dimansão imaginariamente real* do "objeto", vai fazê-lo preservar uma condição ilusória de Saber sobre o gozo. Condição que não só realiza uma dificuldade, mas até mesmo uma impossibilidades para a transferência. Condição que o convoca muitas vezes à produção de "acting-out" ou de "passagem ao ato", fazendo da análise uma possibilidade de risco ou mesmo de uma prática impossível de se desenvolvida.

IX

Conclusão

Daqui em diante, vou colocar meus limites, amarrando algumas pontas em torno dessa noção dos *discursos*. Um dispositivo concebido pela própria descoberta da psicanálise.

Por isso mesmo, a partir da formalização do *discurso do analista*, os outros três foram deduzidos. Essa *noção de discurso* não só adquiriu o estatuto de fundamento da psicanálise como se constituiu num dispositivo que passava a intervir também no campo social. O *discurso*, portanto, em sua condição essencial, é algo que se cristaliza na linguagem para estabelecer laços sociais entre os seres de fala e para que isso funcione.

Lacan o concebeu como uma máquina que trabalha, instituindo lugares e estabelecendo um laço entre o lugar do UM, habitado pelo significante que é representante do *sujeito* [S_1] e esse "*houtro*"[1] lugar, o "outro-que-real". Esta conexão torna-se capaz de gerar uma rede simbólica onde o *sujeito* habita com uma extimidade e que lhe produz efeitos de gozo.

Esse "*houtro*" lugar, que também adquire o estatuto de um significante [S_2], realiza uma alteridade radical em relação ao primeiro [S_1], numa condição discursiva em que o primeiro é absorvido pelo segundo, como

[1] V. nota 42, à página 176.

me referi com o desenvolvimento do *par ordenado*. Assim, essa "conexão" [S1 → S_2] que aponta para a topologia do significante vem reafirmar certas condições deste *im-mundo* linguageiro onde o *sujeito* habita.

Em primeiro lugar, assegura que nesse campo de linguagem, o fonema, esse elemento mínimo da estrutura simbólica, não se constitui, simplesmente, por sua propriedade física, como um bê ou bá, mas por constituir-se nessa rede como um elemento singular que se diferencia de todos os outros. Em segundo lugar, desde que [S_1] ocupa o *lugar de dominância*, passa a representar o *sujeito* que fica desaparecido, em *fading*, no *lugar da Verdade*, numa condição que se matemiza na escritura S_1 *sobre* $\$$ [S_1 / $\$$].

Dessa posição, o significante do sujeito [S_1] intervém sobre esse lugar do "houtro" significante, isto é, age sobre o Saber [S_2] e faz aparecer um terceiro lugar, o da *produção*, que recolhe o efeito dessa ação. O que se realiza nesse *lugar da produção*, corresponde ao *mais-de-gozar* [*a*], numa relação que se matemiza através da escritura S_2 *sobre a* [S_2 / a].

A ligação destas "quatro casas", que são ocupadas pela distribuição destas letras da álgebra de Lacan, formaliza o *discurso do mestre*. Um discurso que inaugura a própria estrutura da linguagem e mesmo funda esse Saber [S_2] que Freud identificou como sendo o inconsciente.

Deve-se considerar também que [S_2] não corresponde a uma referência de tempo em relação ao primeiro significante. Ele alude a um "duplo sentido" que faz parte de todo significante, assim como serve para que [S_1] tome corretamente seu lugar, afirma Lacan[2].

O que é essencial na elaboração desta estrutura discursiva inicial é que os efeitos que se produzem pelos enunciados neste discurso inaugural devem ser também considerados para os outros discursos. Isso quer dizer que todos eles passam a sofrer as conseqüências desse aforismo de que "o inconsciente é estruturado como uma linguagem".

É preciso levar em conta, no entanto, que, somente no curso de uma *análise em intenção*, esse conjunto de letras passa a se organizar como um

2 Lacan, J., Sem. XXIV, L'insu que sait de l'une-bévue ..., aula de 15/02/1977. Versão não oficial.

discurso capaz de determinar diferentes lugares de gozos, que são tributários destas "conexões" que mantêm relações com *lalíngua*.

Aqui, ainda será necessário olhar para esta questão com certa prudência. Embora exista uma referência simbólica nestes artefatos discursivos, o que se deve considerar como priorizado "nessa pequena máquina giratória" é uma consistência do real, como estrutura e causa dos discursos. Uma condição que comporta certa ambigüidade, pois o real mesmo que se constitua como uma consistência que "não fala", ainda assim ele só diz a verdade. Diferente do simbólico que suportado pela topologia do significante, "quando fala só diz mentira". O simbólico, portanto, utilizando-se das palavras ou dos ditos, só é capaz de realizar efeitos sugestivos de sua eficácia ou mesmo de manifestar eventualmente seu poder, através da mentira ou do desmentido [*Verneinung*][3].

Todavia, para que isso se realize, deve-se levar em conta essa condição do *sujeito* em análise ou do *sujeito* que entra em análise. Para que uma análise se desenvolva, o *sujeito* passa a fazer parte desta "subversão" que Lacan sugeriu como *sujeito* do inconsciente, como um *sujeito dividido* [$], enquanto que o analista guarda essa posição de um Sujeito suposto ao Saber [SsS]. Produzindo-se como objeto (*a*), conduz a análise não com seu ser de analista, mas na condição deste resto da linguagem[4].

No *discurso do analista*, sob a condição de transferência, o analista guarda uma posição de *semblante* de objeto. Em oposição, o *sujeito*, nesse *lugar de trabalho* [à direita e acima], logo cedo irá descobrindo como as palavras operam, já que esta é a função da análise. Assim, aos poucos terá como testemunho de seu trabalho o aparecimento das formações do inconsciente que se realizam no *lugar da produção* [à direita e abaixo] como [S_1].

Desta maneira, no curso da análise, esse significante UM vai mostrar, continuamente, a implicação do *sujeito* em qualquer coisa que fale, já que esse significante o representa. Se a análise vai até seu final, ainda que esse significante UM ocupe o mesmo lugar como formação do inconsciente

---

3 Id., Ib.

4 Lacan, J., *L'Étourdit*, Scilicet, n 4, Seuil, p. 33.

[à direita e abaixo], ele toma um outro estatuto. Um "significante novo" que adquire uma consistência do real e deixa de conter qualquer sentido para as repetições do *sujeito*[5]. Desta maneira, torna-se equivalente àquele elemento que Lacan chamou de *sinthoma* e com o qual o sujeito vem identificar-se, no final da análise.

O que é interessante observar é que, no curso de uma análise em intenção, esse *significante-mestre* [S_1] movimenta-se pelos outros lugares da tétrade dos discursos, determinando enunciados e efeitos diferentes. Se ocupar o *lugar de dominância*, como no *discurso do mestre*, procura colocar ordem nas coisas do mundo e intervém para que o "*houtro*" trabalhe, agregando um valor de gozo a seu trabalho.

Outras vezes, se ocupa o *lugar da Verdade*, torna-se o suporte e a sustentação do Saber, no *discurso do universitário*. É através de seu valor que a "Academia" pode dar título a seus membros.

Ainda, se ocupa o lugar do "*houtro*", paradoxalmente é quem trabalha, pois desta maneira, quem vai estar no *lugar de dominância* ou *de desejo* é o próprio *sujeito* [\$]. Esse giro modifica os lugares que as outras letras [S_2] e (*a*) passarão a ocupar, instituindo novas relações e diferentes condições de gozo, formalizando o *discurso do histérico*.

Aqui, vou retomar essa condição em que uma análise possa realizar-se. Para isso, o analista no discurso que o nomeia [*discurso do analista*], como já vimos, deve ocupar de início o *lugar de agente*. Nessa posição, enquanto toma o estatuto de *semblante* do objeto (*a*), o analisante [\$] guarda a posição do "*houtro*", esse *lugar de gozo* [à direita e acima]. Nessa posição, ele trabalha e passa a interrogar seu próprio desejo [a → \$].

É preciso considerar que nesta posição, no *discurso do analista*, o próprio sujeito serve como um lugar de retorno dos efeitos de gozo de sua fala ou do *discurso* no qual estará implicado. Aqui, por sua vez, o Saber [S_2] ocupa o *lugar da Verdade*. Ao se escrever essa díade em que (*a*) se posiciona sobre [S_2], funda-se uma condição que revela a suposição de um "saber do

---

5 Lacan, J., sem. XXIV, L'insu que sait de l'une-bévue ..., aula de 17/05/1977. Versão não oficial.

analista" [*a* / S_2]. Embora essa condição constitua-se num operador da análise, o que é essencial é que o próprio analista, para conduzir uma análise, deve abrir mão do poder que esse saber lhe concede[6].

Ocupando esse lugar onde se mantém com essa suposição de Saber, isso possibilita a transferência. Assim, o analista convoca o *sujeito*, como analisante, a tomar a palavra em "associação livre". Não se trata de uma condição tão livre quanto se pensa, mas de que possa dizer qualquer coisa.

Logo de início, talvez mesmo antes de encontrar o analista, o analisante formula uma demanda dirigida a esse lugar ocupado por um Sujeito suposto ao Saber. Ele espera que através de uma determinada intervenção feita pelo analista, possa diminuir seu sofrimento. No curso da análise, o analisante passa a interrogar seu desejo, sua implicação com seu sintoma e com as sucessivas repetições que se sucedem em sua ex-sistência.

No *discurso do analista*, na posição da Verdade, o Saber mantém-se "isolado", já que nenhum vetor que sinaliza as relações entre estes diversos lugares, na *tetrápode* dos discursos, pode alcançá-lo. Dito de outra forma, o Saber ocupando o lugar da Verdade, "não se ligando a nada" realiza-se com uma consistência do real, ele se torna causa dos discursos e passa a ser continuamente questionado pelas outras estruturas discursivas.

Desta maneira, a noção do Saber torna-se um elemento que não é mais sustentado pela fala e pelo sentido, mas como um conjunto de letras que se inscreve como [S_2]. Por isso mesmo, nestes diferentes artefatos em que as letras ganham prioridade, não é mais o que se escuta que produz sentido, mas o que se lê. Uma leitura que se faz de um outro modo, pelo próprio analisante.

A função da fala, portanto, não coloca mais qualquer questão sobre a verdade, que só realiza seu próprio valor, em cada ato, como uma "*vari[e]dade*", isto é, como uma variedade do Saber, de um Saber "que se contenta de sempre começar" e que não nunca finaliza[7].

---

6 Lacan, J., *Le savoir du psychanalyste*, aula de 03/02/1972. Documento interno da Association Freudienne.

7 Lacan, J., Sem. XXIV, *L'insu que sait de l'une-bévue ...*, aula de 08/03/1977. Versão não oficial.

No *discurso do analista*, portanto, diante desse *semblante* onde reina o objeto (*a*) que sustenta a posição do analista, o *sujeito*, no lugar do "*houtro*" [à direita e acima], vem interrogar e elaborar o gozo que retorna sobre ele mesmo, como efeito do real. Ao tomar a palavra, procura fazer sua própria "hystória". Ele o faz com essa "*vari[e]dade*" do Saber, construindo *ficxões* que passando por um "bom furo" podem levá-lo a "*se fazer*" de uma maneira singular com seu *sinthoma*[8]. Uma condição que o singulariza por efeitos localizados da estrutura num espaço-tempo e que pode colocar limites ao automatismo de repetição.

Todavia, para que o *sujeito* possa "tomar a palavra" como analisante, o discurso deve sofrer outro pequeno giro em sua tipologia ou em sua topologia. Com isso, o *sujeito* passa a ocupar com seu sintoma e com sua divisão subjetiva o *lugar do desejo* [acima e à esquerda], esperando um "pequeno golpe de dedo" dado pelo analista em *lalíngua* para estabelecer um "laço" entre estes dois lugares: o do UM e o do "*houtro*" significante.

Desse *lugar de dominância*, o sujeito participa de uma condição discursiva que vai forçar o "*houtro*" a trabalhar. Aqui, esse "*houtro*" corresponde ao mestre que é representado pelo significante UM que o denota. Essa intervenção do analisante sobre o mestre [$\$ \rightarrow S_1$] funda um poder através da palavra, já que a fala é uma forma de agir, de atuar sobre o "*houtro*".

Ainda desse lugar, o *sujeito* passa a valorizar sua fala, embora mantenha esse valor em suspenso, pois só a utiliza submetida a uma ética que faz elogios à "besteira" e a realizar uma prática em que fala bobagens, mas que tem conseqüências[9]. Logo cedo, aprende a considerar que, neste dispositivo de *discurso*, a verdade da fala, ou na fala, e a mentira têm a mesma cara, já que ocupam uma mesma face na fita de Moebius.

Desta maneira, mesmo que se mantenha numa posição instável entre o que diz e o que não sabe do que diz ou do que quer dizer, ele passa a realizar essa propriedade do discurso, de que não há nada de mais verda-

---

[8] Lacan, J., Lettres *de L'École Freudienne*, nº 24, p.15.

[9] Lacan, J., *Le moment de conclure*, aula de 15/11/77. Documento interno da Association freudienne internationale.

deiro nos ditos que a própria mentira. O analisante, no curso da análise, obedece a uma injunção que o acompanha até que um final possa ocorrer: "não mentirás".

Nessa posição de *dominância*, mesmo que interrogue o mestre e o intime continuamente a trabalhar, para que revele um Saber sobre seu sintoma e seu gozo [$\$ \rightarrow S_1$], opõe-se continuamente a ele e dá suas cartas. Ainda que se possa considerar a importância desse trabalho do "*houtro*", já que serve aos discursos das ciências ou mesmo ao discurso médico, para a psicanálise, é o próprio *sujeito* que, no curso da análise, extrai a partir dele mesmo o Saber sobre o que causa seu sofrimento.

Ele não só o produz como inventa esse Saber que passa a ocupar o *lugar* da *produção* [à direita e abaixo]. Não se trata de um Saber suposto, mas inventado em ato pelo *sujeito*: "isso é o inconsciente", diz Lacan. Um Saber, portanto, capaz de formar uma rede, um tipo de malha fina que está intimamente ligada ao material da linguagem, a *lalíngua* que cola à pele de cada um.

Dito de outra forma trata-se de uma estrutura literal que possibilita unir som e sentido, produzindo um dizer que funda o Saber inconsciente[10]. Ao produzir sua própria escritura e cifrar seus elementos, constrói também o próprio ofício da psicanálise.

No ensino de Lacan, essa questão do Saber foi colocada em questão em diversos momentos. Aqui gostaria de encaminhar dois comentários. O primeiro, de considerá-lo como essa rede simbólica que, mesmo contendo algo do real, toma o estatuto de um significante [S_2] e, como tal, passa a circular nestas diferentes "casas" dos quadrípodes dos *discursos oficiais*.

Por isso mesmo, o Saber inconsciente sendo uma produção ou uma invenção que se realiza numa análise em intenção, ele não corresponde a algo que fica depositado em qualquer reserva. Não se trata de um conteúdo que é estocado em algum lugar e que se pode meter a mão e retirá-lo de lá. Não é um tipo de "saber pré-existente". Nem mesmo um Saber que não se

[10] Lacan, J., Sem. XVIII, *D'un discours qui ne serait pas du semblant*, aula de 10/03/1971. Publicação interna da Association Freudienne Internationale.

sabe, mas que poderá ser revelado, desvelado ou descoberto no trabalho da análise. Trata-se de um Saber que será inventado pelo analisante a partir de uma intervenção do analista que venha ter um efeito de interpretação realizado pelo analisante. Vou tomar partido para afirmar que a interpretação, na análise é algo a ser realizado pelo analisante.

Vou insistir sobre isso. O Saber inconsciente é algo que o *sujeito* inventa em ato, fora das normas e dos valores. Trata-se, portanto, de um "não todo do saber" com o qual o *sujeito* mantém-se ligado. Além disso, mesmo constituindo-se num saber inventado, trata-se de uma estrutura de letras que dá suporte a um corpo de palavras.

Aqui, ainda que as palavras sejam ocasionais e mesmo que não se as compreenda pela própria condição de que se as escuta, o inconsciente passa a ter um efeito na cena social, na cultura. Um fato de discurso que apaga, como me referi acima, essa disjunção entre o privado e o público.

No curso de uma análise, no entanto, esse *Saber* inconsciente não deve ser tomado simplesmente "ao pé da letra", mesmo que se trate de um Saber que se escreve. Por uma condição de estrutura e de discurso, esse Saber que parasita continuamente o consciente mantém-se recalcado e, por isso mesmo, só uma parte da verdade, uma "meia-verdade" do sintoma e do *sujeito*, pode ser revelada através de sua leitura.

Ainda em relação a estas questões da *análise em intenção*, Lacan interrogou em muitos momentos essa condição da verdade, opondo-se logo cedo à noção clássica de como a verdade era concebida pela filosofia, como uma adequação da coisa ao pensamento [*adequatio rei et intelectus*]. Ou mesmo não levando em conta essa exatidão de uma coisa que possa ser contemplada pela percepção.

Em seguida, ainda que tenha atribuído uma importância à tese de Heidegger sobre a *aletheia* – uma verdade que poderia ser revelada através de uma determinada operação de desvelamento e que, na psicanálise, ocorreria através da interpretação; ele também a abandonou.

Não parece ser excessivo se dizer que ele chegou mesmo a atribuir uma desvalorização à verdade, ao se referir à "paixão da verdade... como uma covardia do neurótico". Esse enunciado contemplava uma posição ética de evitar o real. Se a verdade pode ser definida como uma identidade àquele que fala, terá sempre o estatuto de uma *ficção*, isto é, um tratamento simbólico que o sujeito dá ao real e, por isso mesmo, não pode ser única, nem pode-se tomá-la como uma verdade verdadeira.

Assim, mesmo que se considere a presença de uma verdade que possa existir no Saber, trata-se sempre de uma "meia-verdade" que guarda uma disjunção com o Saber. Essa idéia, mais tarde, foi ainda substituída por uma outra noção em que o Saber [S_2] tomava a condição de um elemento, enquanto a verdade transmudava-se num lugar, como aparece nos discursos.

O Saber inconsciente, que seria uma invenção do *discurso do histérico*, quando ocupa o *lugar da produção* [S_2], deve servir de referência para que *se possa seguir a letra*, em sua errância. Ou mesmo, como uma condição singular que faz emergir o que Lacan nomeou de "desejo de saber" e que é responsável para levar-se uma análise até certo ponto.

Aqui, há uma sutileza ou mesmo algo a considerar-se com certa prudência. Ainda que essa noção do "desejo de saber" apareça em seu ensino como aquilo que se realiza no *discurso do histérico*, ele o coloca também em questão. Em primeiro lugar, não se trata desta condição identificada por Freud como *Wisstrieb* [pulsão de saber], pois o que se dirige ao Saber é o amor e não o desejo. Em segundo lugar, desde que a maior paixão no ser falante não é o amor, nem o ódio, mas a ignorância, Lacan afirma que não existe o menor "desejo de saber", no sujeito[11].

Para seguir com esta questão do *discurso do histérico*, ao colocar no *lugar da Verdade* [à esquerda e abaixo] essa letra (*a*) que tem uma consistência do real, pode-se deduzir que é o *dizer* que vem produzir e sustentar o "giro dos ditos", nos diferentes discursos. Lacan vai tratar ainda desta questão criando um neologismo através de uma homofonia que não aparece na língua brasileira. Ele afirma que, no *discurso* [*discours*], o analisante ao "tomar a palavra", realiza essa condição em que o "dito socorre" ["*dit-secours*"], através dos significantes, em ato, os efeitos do *dizer*.

---

[11] Lacan, J., Introduction à l'édition allemande d'un premier volume des Écrits, in Autres écrits, Seuil, Paris, 2001, p. 558.

Por isso mesmo, nestes diferentes "laços sociais" que se constróem entre o lugar do UM e o lugar do "*houtro* significante" ex-siste esse "buraco" que se chama *sujeito* que, engendrado no próprio ato de sua fala, constitui-se como uma resposta do real.

Durante o desenvolvimento que propus para tratar dos *discursos*, os oficiais e suas exceções, não só pode-se inscrever uma lógica que os implica na direção de uma *análise em intenção*, como também se pode contemplar a própria cena social. Isto é, de utilizá-los para se fazer uma leitura de certas transformações que têm ocorrido na cultura. Sobretudo, levando-se em conta estas novas formas de Saber que têm surgido neste período da modernidade e pós-modernidade.

De diferentes maneiras, os *discursos* instituem diversas posições a serem ocupadas pelo *sujeito*, independente de seus enunciados. Desde que eles apagam essa diferença entre o público e o privado, são produzidos e organizados diferentes campos de gozo que passam a ser responsáveis pelo surgimento de novos sintomas e de certas manifestações que vêm afetar o próprio sujeito.

Algo que se define pela função do Saber inconsciente, do desejo, de sua posição no fantasma fundamental, dos ideais ou mesmo a partir das próprias regras que fundamentam seus laços sociais que estão relacionados à instância da Lei. Ou mesmo a partir de suas relações com o objeto (*a*) e com um mercado de gozo que se constrói a partir daí.

Essa noção do gozo torna-se equivalente à própria castração. Uma operação que não é única, mas que toma muitas formas, ela é mesmo "automórfica". Isto é, deve a si mesmo sua forma. Só a partir de seus efeitos que ocorrem num momento de concluir é que se pode perceber, num instante de ver, o que tem efeito de castração.

Uma segunda condição a se levar em conta, é a presença do Saber na cultura, numa extensão que a psicanálise deve contemplar. Um Saber que, podendo ser atribuído ao mestre, vem sustentar o *discurso do universitário*. Aqui, deve-se anotar os meios pelos quais esse Saber pode ser transmitido, suas preferências e seu valor. Uma condição que produz suas conseqüências.

Neste dispositivo de *discurso*, portanto, o Saber resulta do trabalho dos *mestres*, um trabalho que se desenvolve na "casa de estudo dos nobres" ou que se realiza na Academia, constituindo-se num tipo de "conhecimento". Quem o adquire, converte-se num ensinante com poderes, com medalhas, com títulos, com unidades de valor agregado. Uma condição que faz diferença.

À medida que o "saber" transmuda-se num corpo de "conhecimento" e ocupa um *lugar de dominância*, serve de suporte às ciências e passa a ordenar o mundo do humano. Mesmo que agregue poder àquele que o detém e ainda guarde o propósito de modificar a natureza e as opiniões do *a-estudante*, como me referi anteriormente, ele não pode ser "todo" transmitido, por mais que se idealize fazê-lo.

Por uma condição de estrutura, no *discurso do universitário*, a transmissão do "conhecimento" ignora sempre esse *resto* que se mantém, em qualquer relação de ensino. Refiro-me ao que Lacan considerou como pedaços do real e que se inscrevem como (*a*), no lugar do "houtro" significante.

Dito de outra maneira, esse "conhecimento", mesmo convertendo-se num produto a ser ensinado e, por extensão, chegando a se transformar num suporte do "saber das ciências", manterá sempre esses "pedaços do real" inacessíveis ao *sujeito*, ao *a*-estudante, ao aprendiz [ou talvez ao "aprendizante"]. Em fim, trata-se de um "saber" que busca acomodar as diferentes realidades do *sujeito*, deixando-o adormecido em relação ao objeto causa de seu desejo e do gozo que o afeta.

Com efeito, trata-se de um "saber" que se converte num "objeto" com o qual pode-se naturalizar e, sobretudo, burocratizar as relações do *sujeito*. Talvez por fazer parte de uma destas profissões impossíveis identificadas por Freud ["educar"] e que se ocupa só de seus interesses, procurando modificar a natureza e as opiniões do próprio *sujeito*, isso tenha levado Lacan a afirmar que, mesmo não se tratando de um problema pessoal, o "universitário [por estrutura] detesta a psicanálise"[12].

---

[12] Lacan, J., *Radiophonie*, Scilicet, n.2/3, Paris, Seuil, p. 22.

O *discurso do universitário* não pára de não insistir na transmissão desse "saber" que dá uma prevalência aos lugares do acadêmico e do mestre, ignorando a divisão do *sujeito* e a ex-sistência do *Saber inconsciente.* Esse *não saber* sexual que está implicado ao sintoma, isso que o *sujeito* pode fazer de melhor para habitar no campo da linguagem. Assim, o que o *discurso do universitário* ensina, o que enuncia não tem a ver com o *sujeito,* não lhe diz respeito, já que se trata de um "enunciado universitário de uma filosofia qualquer", diz Lacan[13]. A psicanálise opõe-se a todas estas condições.

Gostaria ainda de me referir a uma vicissitude dessa globalização do Saber na modernidade. Ao adquirir o estatuto de "objeto" e tendo-lhe sido agregado valores de mercado, ele passou a fazer parte desta variação do *discurso do mestre* que se transmudou no *discurso do capitalista.* Esse fato fez aparecer o que existia de real e simbólico na *mais-valia,* deslocando o *saber fazer* do escravo para um saber de mestre.

Isso pode ser dito de uma outra maneira. Se é a *dimansão* do real que vem determinar essa condição impossível da proporção sexual, é ele também que vem ordenar o funcionamento mental. Assim, ao causar a própria diversidade dos laços sociais que estão implicados à textura dos discursos, essa transmudação do Saber em valor de mercado produziu uma subversão do desejo e modificou a relação do *sujeito* com o "objeto".

Por isso mesmo, Lacan considerou que estes mesmos determinantes linguageiros vieram instituir uma relação entre a psicanálise e o próprio *discurso capitalista.* Um fato discursivo que exclui a subjetividade do *sujeito* e revela o que existe de real na própria estrutura do desejo.

O que até então constituía-se numa impossibilidade estrutural e discursiva do *sujeito* ter acesso ao "objeto", isso também foi subvertido. O Saber, transmudado num "objeto" como um bem de consumo, passou a se constituir numa promessa de satisfação. Na cultura, o *sujeito,* de diversas maneiras, terá os meios disponibilizados para sua aquisição, já que é colocado no lugar de um consumidor.

---

[13] Lacan, J., Sem. XVII, *La psychanalyse à l'envers,* aula de 21/01/1970. Versão não oficial.

Aqui, mais uma vez as ciências entram em campo para animar o *discurso do capitalista.* Desenvolve-se cada vez mais um "conhecimento" sobre os "objetos", transformando o "não saber", de uma impossibilidade estrutural, em falta de informação. O Saber tendo perdido sua condição de um "não saber sexual" [pela foraclusão da castração] modifica a forma do "outro" trabalhar, deixando o *sujeito* cada vez mais fascinado pela *produção* desse trabalho, que se especializa em produzir "objetos" a serem consumidos.

De uma maneira que se pode considerar até mesmo paradoxal, como estes "objetos" constróem e organizam um campo do gozo que afeta o próprio *sujeito* que os produz, passam mesmo a aspirá-lo. Transformados em objetos de gozo, servem a um determinado tipo de economia que tem como princípio uma "produção extensiva e insaciável da falta-de-gozar"[14].

Esse fato foi deslocando, progressivamente, a condição desejante do próprio *sujeito* e passou a fazer parte da modernidade. Agora, já neste espaço-tempo que tem sido nomeado de "pós-modernidade", estes "objetos" passaram a ser utilizados não simplesmente para serem usados, mas para despertarem a demanda. Uma condição, portanto, para relocar o *sujeito* e causar imaginariamente o desejo. Algo que desapareceu com o *discurso do capitalista.*

Lacan, revelando sua generosidade, quando ofereceu seus "quadrípodes", sugeriu que se pudesse fazer algo a mais com eles. Se propôs os "discursos radicais", dos quais derivou o *discurso do capitalista,* como já vimos, deixou a possibilidade de se considerar uma outra condição. Algo que viesse contemplar no espaço-tempo onde se realiza essa colagem do *sujeito* a uma face *imaginariamente real* do objeto (*a*), um "sujeito de puro gozo". Uma condição discursiva que denominei de *discurso do a-viciado.*

Um tipo de "laço" que mantém uma ligação interna com os discursos radicais mas, sobretudo, que se aproxima do *discurso do capitalista* pela condição de predominância do "objeto". Aqui, estou considerando a im-

---

14 Lacan, J., *Radiophonie,* Scilicet n. 2/3, Seuil, Paris, 1970, p. 87

portância "mais-que-fálica" que o objeto adquire para o *sujeito*, tomando-o como um consumidor que se consome com o uso que faz do "objeto".

Se no *discurso do capitalista*, mesmo que possa existir uma "incoerência" causada pelo real na utilização do objeto para seu consumo ou em sua má distribuição no social, existem sempre leis, leis de mercado que regulam a aposta do sujeito. Essa condição causa reivindicações que podem se expressar na cultura através de manifestações que vão da violência à segregação, embora com limites. Existem leis que regulam o consumo do "objeto".

Dito de outra forma, nestes casos, a mídia e, sobretudo, estas próprias leis do mercado protegem por diferentes meios o "consumidor" e o sistema. Vou insistir, ele necessita ser preservado para que o "objeto" mantenha seu valor de uso realizado e que possa ser continuamente consumido.

Diferente, no entanto, do que acontece no *discurso do a-viciado*, onde o *sujeito* entra no jogo já perdido. Desde o início da partida, se passa a jogá-la, mantém-se na dependência de um "objeto" que o seqüestra e o consome sem limites, já que só existem leis do particular para regular seu uso.

A dependência a esse "objeto", que toma aqui também o estatuto de letra (*a*), determina o resultado do jogo, antes mesmo de ter começado. Uma condição de estrutura e de discurso que não só produz no *a-viciado* uma desubjetivação eficaz, como o inscreve numa posição em que fica submetido a um tipo de gozo que não só o consome, mas também o feminiliza[15].

Essa condição de submissão ao "objeto" faz também uma convocação para alguns comentários a respeito do que se nomeia, na psicanálise, de "estruturas clínicas". Uma questão que já tratei em outra oportunidade[16].

Freud, mesmo tendo considerado a importância dos aspectos orgânicos e hereditários das "doenças mentais", estabeleceu uma etiologia sexual para essas patologias, tratando de distinguir seus mecanismos e seus as-

---

[15] Lacan, J., *Le séminaire sur la "lettre vollée"*, Écrits, Seuil, Paris, 1966.

[16] Souza, A., *La topologie des états-limites dans la psychyanalyse*, Le Bulletin Freudien, Revue de l'Association Freudienne de Belgique, n°29, Janeiro 1997.

pectos clínicos. A partir do próprio discurso analítico, atribuiu como causa para elas algo que havia identificado como "mecanismos de defesa" do eu[17]. Manteve-se ligado à classificação que já existia na época – neurose, perversão e psicose – como um tributo à psiquiatria. Na ocasião, seguiu a norma.

Quanto à Lacan, na primeira parte de seu ensino, quando tomou como referência a topologia do significante, esteve próximo à Freud em relação à *causa* na determinação das patologias mentais. Considerou o *recalque* ("Verdrängung") como o mecanismo responsável pelas neuroses, o *desmentido* ou a *renegação* ("Verleugnung") para as perversões e identificou a *foraclusão* ("Verwerfung") como sendo uma condição necessária, mas não suficiente para as psicoses.

Todavia, pode-se observar em seu ensino que essa classificação não lhe foi inteiramente satisfatória. Aos poucos foi abrindo seus próprios caminhos. O primeiro deles foi sugerir que estes "mecanismos de defesa" não deveriam ser considerados como uma questão do eu ["moi"]. Dever-se-ia levar em conta a própria estrutura da linguagem, já que é seu próprio funcionamento que impõe efeitos determinantes no *sujeito*.

Mais tarde passou a considerar que na relação do *sujeito* com o desejo, caso se tratasse do neurótico, do perverso ou até mesmo do psicótico, eles apresentavam "faces da estrutura normal [...]"[18]. Se aqui levou em conta essa referência ao desejo, não deixou de perceber também a importância do sintoma ou do estatuto do gozo, para diferenciá-los.

Gostaria de sinalizar que, a partir da psicanálise ou do discurso analítico, deve-se ter prudência para considerar o sintoma como um elemento diferencial destas entidades clínicas. Não se deve sequer assegurar que ele traga exclusividade para os vários discursos em que participa: como sintoma analítico, sintoma familiar, de grupo, o sintoma social, e mesmo o sintoma médico.

---

[17] Freud, S., *As neuropsicoses de defesa / Novos comentários sobre as neuropsicoses de defesa*, Edição standard brasileira, vol. III, Imago, Rio de Janeiro, 1976.

[18] Lacan, J., Sem. IX, *L'Identification*, aulas de 13 e 20/06/1962. Publicação interna da Association Freudienne Internationale (os destaques são por minha conta).

Se para Freud o sintoma foi concebido como o efeito de uma estrutura desejante, Lacan o definiu neste mesmo sentido, tomando-o como uma metáfora. Por isso mesmo, deixava de corresponder a um signo de uma desordem do organismo e passava a emergir como um significante a ser lido nesse campo linguageiro e de gozo.

No seminário "Problemas cruciais para a psicanálise" [XII], Lacan, no entanto, dá um passo à frente, referindo-se ao "sintoma analítico" como algo que só adquire a condição de analisável deste que esteja colocado em relação ao "Saber", ao Saber inconsciente[19]. Ao fazer parte no campo do analisável, a estrutura do sintoma distingue-se radicalmente de sua função de signo. Assim, embora o *sujeito* saiba muitas vezes que isso lhe diz respeito, ele não sabe o que o sintoma é para ele[20].

Um outro giro que se realizou entre as estruturas clínicas e o próprio discurso analítico desenvolveu-se a partir do seminário sobre o "Ato Analítico" [Sem. XV]. Nessa ocasião, Lacan vai afirmar que só em função de uma "coalescência" da estrutura com a transferência, ou melhor, com o "Sujeito suposto ao Saber" é que se deve abordar a diversidade dos casos clínicos. É preciso, portanto, procurar uma nova classificação, diferente daquela da psiquiatria clássica, "pois até o momento não se fez outra coisa, senão segui-la"[21].

Desta maneira, pode-se dizer que se trata de um "abuso de linguagem" nomear a estrutura de neurótica, perversa ou psicótica. Na psicanálise, o que se deve considerar é que existe um *sujeito* que se realiza na transferência como *neurótico*, *perverso* ou *psicótico*. Ou talvez seja mais justo afirmar que se trata, em qualquer destas condições, de um *sujeito* que é afetado com manifestações que se constituem em "estados limites" ou como "manifestações focais".

Isso quer dizer que as diferentes manifestações clínicas não devem ser concebidas simplesmente a partir de histórias individuais "patológicas"

---

19 Lacan, J., Sem. XII, *Problèmes cruciaux pour la psychanalyse*, aula de 05/05/1965. Publicação interna da Association Lacanienne Internationale.

20 Id., Ib.

21 Lacan, J., Sem. XV, *L'Acte Psychanalytique*, aula de 27/03/68. Publicação interna da Association Freudienne Internationale.

que se opõem a estados normais. Elas devem ser interpretadas em função das relações que o sujeito mantém com o Saber inconsciente, com a castração, com o desejo, com os ideais. Talvez, a partir de sua própria posição no fantasma fundamental e, sobretudo, das relações de junção e disjunção com o "objeto" que institui esse campo de gozo que o afeta.

Dito de outra forma, estas diferentes manifestações clínicas dependem de *estruturas discursivas* que se inscrevem num campo de transferência. Ou mesmo, dos efeitos que o *sujeito* sofre a partir dessa não relação com o "outro real" da linguagem. Algo que é sempre intermediado pela própria concatenação significante que vem construir suas diversas e sucessivas realidades.

Nestes casos em que o *sujeito* se realiza no discurso como *a-viciado*, desenvolve-se um campo de gozo onde a transferência se consagra em sua condição mais ambígua, no curso da análise. Mesmo que em algumas ocasiões haja uma aptidão para que possa manifestar-se, a relação que mantém com o "a-bjeto", de que o analista também faz "semblante", ela estará sempre marcada por embaraços e muitas vezes impedimentos. O *a-viciado*, ao ser encontrado por esta "dimansão" *imaginariamente real* do objeto (*a*), destitui-se do Saber inconsciente. Ele se apodera de um outro tipo de "Saber", guardando uma condição imaginária de um todo do saber sobre o gozo que o a-objeto lhe causa. Um objeto duro como osso, um "*os*-bjeto" que inviabiliza a própria realização da transferência.

Nestes casos, o próprio analista pode converter-se neste "semblante" de "*os-bjeto*"que fascina o *a-viciado*, despertando-lhe volúpia e instituindo uma impossibilidade para que a análise possa se desenvolver. A transferência mantém-se numa zona limite; numa zona de risco entre um trabalho que é possível de se desenvolver e que possa torná-lo capaz de se desligar desse "*os*-bjeto" no qual está aderido ou, de uma maneira paradoxal, em decorrência de uma "odioamoração" que, no geral, desenvolve com o analista, torna-se mais aderido a ele. Uma condição que o convoca com freqüência a realizar "atos" que inviabilizam a análise.

Aqui, talvez se possa dizer que o analista precisa se utilizar da transferência para instituir, além de um princípio "retificador" na análise, algumas vezes uma lei real, já que a simbólica não conta para nada. Desse lugar de *dominância*, pode "retorificar"[22] o analisante cada vez que se encontra mergulhado neste campo de gozo instaurado pelo seqüestro que o "*os*-bjeto" realiza. Que possa ajudá-lo até mesmo a interrogar seu desejo e desenvolver outros meios de gozo com os quais venha administrar e domesticar esse gozo do qual não pode escapar.

A produção do *discurso do capitalista* mas, sobretudo, o *discurso do a-viciado*, como proponho, contempla essa passagem de um sistema que esteve ordenado pela função paterna em oposição a um outro, da modernidade e, sobretudo, da pós-modernidade, quando o "objeto" adquire toda sua importância.

Na análise, sua política talvez não consista simplesmente em fazer circular a fala em associação livre, já que ela pode trazer promessas de felicidade, mas de levar o *sujeito* cada vez mais a se implicar em *lalíngua*; a ficar cada vez mais "dupe" de um somatório de *lalíngua* [23].

Isso quer dizer que o *sujeito* pode ocupar uma nova posição de onde venha a amar o inconsciente que o determina. A ficar desperto e esperto diante das ilusões imaginárias que suas realidades plurais instituem e principalmente nestas relações com o "*os*-bjeto"[24].

Paradoxalmente, a psicanálise torna-se mais efetiva, mais operativa, quanto mais "dupe" também o analista se coloca. Ao amar o inconsciente, ele pode desempenhar sua tarefa com desembaraço, desde que não prometa uma garantia de gozo ao analisante. A política de ambos, da psicanálise e do analista, como me referi acima, é de tomar como um dever ético ir ao encontro do real[25] ou de revelar essa noção da estrutura como um "buraco" que determina um desejo sem "objeto" e uma contingência com "aperitivos" de gozo.

---

22 Lacan aqui utiliza-se do significante *rhétifier* que deriva de *rhéteur* (retórico) e *rectifier* (retificar).

23 Na primeira aula do seminário XXI (13/11/1974), Lacan faz alguns comentários sobre o significante "dupe". É sempre utilizado no feminino e traz a idéia da tolice, da bobagem. Em português, algumas vezes aparece nas traduções como "pato", bobo ou tolo.

24 Lacan, J., Sem. XXI, *Les non-dupes errent*, aula de 11/06/1974. Publicação interna da Association Freudienne Internationale.

25 Lacan, J., *La Troisième*, Lettres de L'École Freudienne, n. 16, 1975.

Institui-se uma ordem que vem determinar e regular uma nova economia de mercado que é desencadeada pela deterioração da função paterna e talvez, mais do que isso, por esse movimento na cultura que não mais segue a injunção paterna, mas obedece a essa condição do "pior". Isso quer dizer que o sujeito mantém-se numa obediência ao "objeto" ou mesmo a um impulso de se deixar consumir por ele.

Mesmo que a psicanálise não proponha uma solução de massa e ajude a sair do *discurso do capitalismo* ou ainda do *discurso do a-viciado*, pelo efeito que pode produzir no *sujeito*, nessa errância de sua ex-sistência, talvez possa constituir-se numa saída privilegiada para essa nova economia psíquica[26] ou para estes fenômenos sociais.

Piatã, 31 de agosto de 2003.

[26] Essa idéia tem sido trabalhada por Charles Melman em seu último livro, *O Homem sem gravidade*, assim, no XXXIII Encontro do CEF, em Recife, realizado em Outubro de 2003.

Companhia de Freud
editora

OBRAS PUBLICADAS

Alô, Lacan? — É claro que não.	*Jean Allouch*
"Inseto"	*Claire Castillon*
A Anatomia da Terceira Pessoa	*Guy Le Gaufey*
A Angústia e o Desejo do Ouro	*Diana Rabinovich*
A Arte de Reduzir as Cabeças	*Dany-Robert Dufour*
A Clínica da Identificação	*Clara Cruglak*
A Clínica do Escrito	*Jean Allouch*
A Criança Adotiva	*Nazir Hamad*
A Criança na Clínica Psicanalítica	*Angela Vorcaro*
A Crise de Adolescência	*Octave Mannoni e outros*
A Crueldade no Feminino	*Sophie de Mijolla-Mellor*
A Descoberta de João	*Marcelo Pio da Costa*
A Equação do Sonhos	*Gisèle Chaboudez*
A Erótica do Luto	*Jean Allouch*
A Escola do Sujeito	*Claude Dumézil*
A Escritura Psicótica	*Marcelo Muniz Freire*
A Estrutura na Obra Lacaniana	*Taciana de Melo Mafra*
A Etificação da Psicanálise	*Jean Allouch*
A Experiência da Análise	*Norberto Ferreyra*
A Fadiga Crônica	*Pura H. Cancina*
A Fantasia da Eleição Divina	*Sergio Becker*
A Feminilidade Velada	*Philippe Julien*
A Ficção do Si Mesmo	*Ana Maria Medeiros da Costa*
A Hora do Chá na Casa dos Pendlebury	*Alain Didier-Weill*
A jovem e a mãe	*Leila Maroune*
A lei do gênero: uma história cultural do terceiro sexo	*Laure Murat*
A Lógica do Gênero	*Laure Murat*
A Morte de Deus	*Dany-Robert Dufour*
A Morte e o Imaginário na Adolescência	*Silvia Tubert*
A Paixão do Sujeito Freudiano	*Bernard Penot*
A perversão comum: viver juntos sem o outro	*Jean-Pierre Lebrun*
A Psicanálise: dos Princípios Ético-estéticos à Clinica	
A Pulsão de Morte	*Michel Plon (org.)*
A Quarta Mulher	*Paul Tabet*
A Saúde Totalitária	*Roland Gori*
A segunda morte da ópera	*Slavoj Zizek e Mladen Dólar*
A sexualidade na aurora do século XXI	*Org. Sonia Alberti*
A Significação do Falo	*Diana Rabinovich*
A Topografia de Lacan	*Jean-Paul Gilson*
A Transferência	*Taciana de Melo Mafra*
A Violência na Adolescência	*Pierre Kamerer*
Abandonarás teu Pai e tua Mãe	*Philippe Julien*
Adolescência e Psicose	*Edson Saggese*
Adolescência, violência e a lei	*Vários*
Amor de Mãe	*José Nazar*
Amor e Ódio	*Michele Benhaim*
Anorexia	*Éric Bidaud*
As Construções do Universal	*Monique David-Ménard*
As Figuras do Real	*Patrick Delaroche*
As identificações e a identificação sexual	*Org. Arlete Mourão e Miriam Nogueira Lima*
As Intervenções do Analista	*Isidoro Vegh*
As Psicoses	*Philippe Julien*
Autor do crime perverso	*Marie-Laure Susini*
Cine Imaginarium: da arte de fazer psicologia, comunicação e cinema	*Org. Alvaro de Pinheiro Gouvêa*
Ciúmes	*Denise Lachaud*
Clínica da Pulsão	*Diana S. Rabinovich*
Clínica dos Fracassos da Fantasia	*Silvia Amigo*
Clivagem e Modernidade	*Roland Chemama*
Comer o Livro	*Gérard Haddad*
Como se Chama James Joyce?	*Roberto Harari*
Crianças na Psicanálise	*Angela Vorcaro*
Crueldade no Feminino	*Sophie de Mijolla-Mellor e Julia Kristeva*
Da Paixão	*Jacques André*
Dependência Química na Adolescência	*Hélio Fernandes Mattos*
Dez Conferências de Psicanálise	*Moustapha Safouan*
Dicionário da Justiça	*Löic Cadiet*
Dicionário da Sexualidade Humana	*Philippe Brenot*
Do Amor do Outro ao Amor de Si	*Patrick Delaroche*
Do Pai à Letra	*Hector Yankelevich*
Elissa Rhaís	*Paul Tabet*
Elogio da corrupção: os incorruptíveis e seus corruptos	*Marie-Laure Susini*
Empatia Psicanalítica	*Stefano Bolognini*
Enigma do Incesto	*Laure Rozen*
Escrita e Psicanálise	*Ana Costa e Doris Rinaldi*
Estados de Abandono	*Jacques André*
Estética da Melancolia	*Marie-Claude Lambotte*
Figuras do Real	*Ginette Michaud*
Fim da Picada	*Guilherme Knabb e Mariana Friedheim*
Freud, Wallon, Lacan: a criança no espelho	*Émile Jalley*
Gide-Genet-Mishima	*Catherine Millor*
Gostar de Mulheres	*Autores diversos*
Harry Potter: anjo ou demônio?	*Org. Isabelle Smadja e Pierre Bruno*
Hitler – A Tirania e a Psicanálise	*Jean-Gérard Bursztein*
Invocações	*Alain Didier-Weill*

Lacan e o Espelho Sofiânico de Boehme	*Dany-Robert Dufour*
Lacaniana I	*Moustapha Safouan*
Lacaniana II	*Moustapha Safouan*
Letra e Pulsão de Morte	*André Green*
Littoral	*A Criança e o Psicanalista*
Littoral	*Luto de Criança*
Littoral	*Do Pai*
Littoral	*O Conhecimento Paranóico*
Lógica das Paixões	*Roland Gori*
Mal-Estar na Procriação	*Marie-Magdeleine Chatel*
Michel Foucault: a Inquietude da História	*Mathieu Potte-Bonneville*
Mulheres de 50	*Daniela Di Segni e Hilda V. Levy*
Neurose Obsessiva	*Charles Melman*
Nietzsche e o Demônio do Meio-dia	*Jean-Baptiste Botul*
No Reino das Mulheres	*Irène Frain*
O Adolescente e a Modernidade Tomos I, II e III	*Congresso Internacional de Psicanálise e suas Conexões – Vários*
O Adolescente e o Psicanalista	*Jean-Jacques Rassial*
O Adolescente na Psicanálise	*Raymond Cahn*
O Amor ao Avesso	*Gérard Pommier*
O Caminhante Analítico	*Victor Smirnof*
O Complexo de Jocasta	*Marie-Christine Laznik*
O conto machadiano: uma experiência de vertigem	*Lucia Serrano Pereira*
O Desejo Contrariado	*Robert Lévy*
O Desejo da Escrita em Ítalo Calvino	*Rita de Cássia Maia e Silva Costa*
O Desejo do Psicanalista	*Diana S. Rabinovich*
O Dia em que Lacan me Adotou	*Gérard Haddad*
O Discurso Melancólico	*Marie-Claude Lambotte*
O Divino Mercado	*Dany-Robert Dufour*
O Espelho do Artista	*Yolanda Freyre*
O Homem sem Gravidade	*Charles Melman*
O Inestimável Objeto da Transmissão	*Pierre Legendre*
O Inferno do Dever	*Denise Lachaud*
O Jornalista e seu Poder	*Gerard Spitéri*
O Nó Górdio	*Carlos Eduardo Leal*
O Olhar e a Voz	*Paul-Laurent Assoun*
O Próximo	*Isidoro Vegh*
O psicanalista, o que é isto?	*Roberto Harari*
O que Acontece no Ato Analítico?	*Roberto Harari*
O Sexo Conduz o Mundo	*Colette Chiland*
O sexo da verdade: erotologia analítica II	*Jean Allouch*
O Sexo do Mestre	*Jean Allouch*
O Significante, a Letra e o Objeto	*Charles Melman*
O Sorriso da Gioconda	*Catherine Mathelin*
O Sujeito em Estado Limite	*Jean-Jacques Rassial*
O Transexualismo	*Henry Frignet*
Órgãos sem corpo: Deleuze e conseqüências	*Slavoj Zizek*
Oriente Médio: Povos Autoritários Sociedades Bloqueadas	*Philippe Draz Vincent*
Os Discursos e a Cura	*Isidoro Vegh*

Os Discursos na Psicanálise	*Aurélio Souza*
Os Errantes da Carne	*Jean-Pierre Winter*
Os Mistérios da Trindade	*Dany-Robert Dufour*
Os Nomes do Pai em Jacques Lacan	*Erik Porge*
Os Nomes Indistintos	*Jean-Claude Milner*
Paixões do Ser	*Sandra Dias*
Para uma Clínica do Real	*Isidoro Vegh*
Paranóia	*Jean Allouch*
Poetas, Crianças e Criminalidade... Sobre Jean Genet	*Alba Flesler / Claudio Martyniuk / Fernando Sabsay / Isidoro Vegh*
Por Que Não Há Relação Sexual?	*Roberto Harari*
Por que, afinal, matamos?	*Francisco Ramos de Farias*
Princípios do Marketing Zen	*Roland Z. Carvalho*
Procuro o Homem da Minha Vida	*Daniela Di Segni*
Psicanálise de Crianças Separadas	*Jenny Aubry*
Psicanálise de Pais	*Durval Checchinato*
Psicanálise e Análise do Discurso	*Nina Leite*
Psicanálise e Infância: Clínica com crianças	*Renata Petri*
Psicanálise e Saúde Mental	*Org. Sonia alberti e Ana Cristina Figueiredo*
Psicanálise e Tempo	*Erik Porge*
Psicanálise: Uma prática teorizada	*Org. Ângela Coutinho*
Psicose, Perversão, Neurose	*Philippe Julien*
Psicoterapia-Psicanálise-Didática 1 – debates	*Analyse Freudienne Presse*
Psicoterapia-Psicanálise-Didática 2 - debates	*Analyse Freudienne Presse*
Quartier Lacan	*Alain Didier-Weill*
Reflexões Sobre a Questão Gay	*Didier Eribon*
Respire	*Anne-Sophie Brame*
Revista Internacional nº 1	*A Clínica Lacaniana*
Revista Internacional nº 2	*A Histeria*
Revista Internacional nº 4	*As homossexualidades*
Roubo de Idéias?	*Erik Porge*
Separações Necessárias	*Emilio Rodrigué*
Série Conexões em Psicanálise	*Função Paterna*
Série Conexões em Psicanálise	*Constituição do sujeito*
Sombra do Teu Cão	*Jean Allouch*
Transferência e Estados Limites	*Jacques André*
Trata-se uma Criança – Tomos I e II	*Congresso Internacional de Psicanálise e suas Conexões – Vários*
Trilhamentos do Feminino	*Jerzuí Tomaz*
Um Homem de Palavra	*Nazir Hamad*
Um Jeito de Poeta	*Luís Mauro Caetano da Rosa*
Um Mundo sem Limite	*Jean-Pierre Lebrun*
Um Narrador Incerto, entre o Estranho e o Familiar	*Lucia Serrano Pereira*
Um Percurso em Psicanálise com Lacan	*Taciana de Melo Mafra*
W. R. Bion – Novas Leituras - I e II	*Arnaldo Chuster*

Impresso por:

Edil
Artes Gráficas

Tel/Fax: (21) 2159 7979
E-mail: edil@edil.com.br